Der andere Blick herausgegeben von Walter Pöldinger

Musik hilft heilen

Hermann Rauhe

Arcis Verlag

Autor und Verlag danken der Firma Rhône-Poulenc Rorer GmbH in Köln für die freundliche Unterstützung bei der Drucklegung dieses Buches.

Die Deutsche Bibliothek - CIP-Einheitsaufnahme

Rauhe, Hermann:
Musik hilft heilen / Hermann Rauhe. – München : Arcis-Verl., 1993
(Der andere Blick)
ISBN 3-89075-056-7

Herausgeber der Reihe »Der andere Blick«: Prof. Dr. Walter Pöldinger
Gestaltung: partner-med GmbH Werbeagentur
Titelbild: Günter Benedde

Satz: Notengraphie Angelika Hierdeis, 8907 Thannhausen
Druck: Ziele Druck GmbH, 8016 Feldkirchen
Dieses Buch wurde auf chlorfrei gebleichtem Papier gedruckt.

ISBN: 3-89075-056-7

Prof. Dr. med. Robert Charles Behrend,
dem Initiator, Inspirator und medizinischen Berater dieses Buches
in dankbarer Verbundenheit gewidmet.

Inhalt

Vorwort

Umfragen zeigen immer wieder, wie viele Menschen sich heute intensiv mit Musik beschäftigen. Musik ist besonders für Jugendliche zum wichtigsten Ausdruck ihres Lebensgefühls und ihrer Befindlichkeit geworden, nicht nur für diejenigen, die selber singen und musizieren. Auch das aktive Musik**hören** vermittelt vielen Menschen Antrieb und Entspannung, Trost und Geborgenheit, emotionale Sicherheit und Selbstwertgefühl, Mut und Zuversicht, Energie und Lebensfreude. Der bewußte Umgang mit Musik hilft, Angst und Verkrampfungen abzubauen, Nervosität und Unsicherheit, Frustration und Resignation, Einsamkeit und Isolation zu überwinden, Kommunikations- und Kontaktfähigkeit, Mitteilungs- und Verständigungsbereitschaft zu fördern.
Anhand ausgewählter, meist nur kurz angespielter Musikbeispiele versuche ich, auch dem musikinteressierten Laien einen Blick in das Geheimnis der Faszination Musik, ihrer helfenden und heilenden Wirkung zu ermöglichen.
Die musikalischen Fachausdrücke hat der Komponist und Musikpädagoge Prof. Dr. Michael Freiherr von Troschke in einem alphabetischen Verzeichnis allgemeinverständlich erklärt, wofür ich ihm an dieser Stelle herzlich danke.
Auch wer nicht über Notenkenntnisse verfügt, dürfte die antriebsfördernden und entspannenden Wirkungselemente erkennen und nachvollziehen und je nach Bedarf die geeignete Musik auswählen können. Dies gilt besonders für ÄrztInnen und TherapeutInnen, die Musik in die Behandlung ihrer PatientInnen einbeziehen möchten. Für sie sind die Hinweise auf Indikationen und Kontra-Indikationen gedacht.
Ebenso danke ich meiner Frau Annemarie Rauhe für die intensive fachliche Beratung und redaktionelle Betreuung des Buches sowie Herrn Jens Waldhof und der Firma Rhône-Poulenc Rorer GmbH aus Köln, die diese Publikation angeregt und ermöglicht haben.

Hamburg, im Februar 1993 — Hermann Rauhe

Verfasser:

Prof. Dr. Hermann Rauhe
Hochschule für Musik und Theater
Harvestehuder Weg 12
20148 Hamburg

Antrieb und Motivation, Entspannung und Meditation

Bis in die Zeiten der frühen Menschheitsgeschichte läßt sich die enge Verbindung von Musik und Medizin zurückverfolgen. Schon damals wurden psychische und physische Krankheiten durch Heilzeremonien behandelt, in deren Mittelpunkt die Musik stand.
In der Musikanschauung aller Zeiten und Völker lassen sich psychotherapeutische Aspekte des Umgangs mit Musik und des Erlebens von Musik nachweisen. So ist seit mindestens 3000 Jahren bekannt, daß Musik psychische und vegetative Auswirkungen auf Menschen haben kann, die sich auch in den Dienst einer gezielten Therapie stellen lassen.
Als ein Beispiel von vielen sei ein Bericht aus der Bibel zitiert, nach dem schon König David Musik zur Heilung benutzte:
»Wenn nun der Geist Gottes über Saul kam, so nahm David die Harfe und spielte mit seiner Hand; so erquickte sich Saul, und es ward besser mit ihm, und der böse Geist wich von ihm«.
Seit dieser Zeit wiesen Philosophen, Mediziner und Musiktheoretiker immer wieder auf die therapeutische Wirkung der Musik hin.
Naturvölker (d.h. jene Gruppen der Menschheit, die abseits von Hochkulturen, oft in verhältnismäßig abgeschlossenen Kleinkulturen leben, sich in enger Naturabhängigkeit befinden und deren Denken und Handeln stark von mythischen Kollektivvorstellungen geprägt wird) führen alle Geschehnisse in der Natur und im menschlichen Leben auf den Einfluß magischer Kräfte zurück.
In dieser mythischen und magischen Welt spielt Musik als Teil des Rituals eine große Rolle. Eine besonders wichtige Stellung nehmen die Heilgesänge des Medizinmannes ein, der Rhythmus seiner Rasseln und Klappern, der Klang der zahlreichen Glöckchen und Metallstäbe an seiner Tracht.
Wie Hans-Jürgen Möller (1) nachweist, läßt sich am Beispiel der griechischen Antike sehr eindrucksvoll die Ablösung dieser magisch-mythischen Bewußtseinsstufe durch eine rationale Wissenschaftlichkeit verfolgen. So sahen z.B. die Pythagoräer in der Musik ein Mittel der Psychohygiene und Therapie, das sie intensiv pflegten. Dabei spielte der Begriff der Katharsis, der Reinigung, eine zentrale Rolle. Zwar wird die Wirkung der Musik bei den alten Griechen noch nicht im einzelnen analysiert; bestimmte Begriffe wie »harmonisch«, »rhythmisch wohlgeordnet« lassen erkennen, daß es vor allem die ordnende, ausgleichende, harmonisierende Funktion der Musik war, die nicht nur für die Hygiene und Therapie, sondern auch für die Erziehung des Menschen von herausragender Bedeutung war.
Pythagoras stellte für seine Gefährten sogenannte »Zurüstungs- und Zurechtweisungsmusik« zusammen. Dazu gehörten bestimmte Melodien, die - wenn sie »in der rechten Weise« verwendet wurden - gegen Mutlosigkeit, Kummer, Zorn, Begierden und übermäßige Affekte wirken sollten. Weil die Musik das Urbild der Harmonie ist, geht von ihr eine harmonisierende, ausgleichende und stabilisierende Wirkung aus.

Pythagoras bevorzugte die Lyra als Instrument und wendete sich energisch gegen den Aulos, ein der Oboe ähnliches Doppelrohrblattinstrument mit scharfem, näselndem Klang, der seiner Auffassung nach eine schädliche, enthemmende, narkotisierende Wirkung ausübte.
Es kann und will nicht Aufgabe dieser Veröffentlichung sein, eine Geschichte der Musiktherapie darzustellen. Vielmehr geht es darum, deutlich zu machen, wie alt und eng mit der Geschichte der Menschheit verbunden der Aspekt der helfenden und heilenden Wirkung der Musik ist.
Exakte empirische Belege und wissenschaftlich stichhaltige Begründungen für Heilerfolge durch Musik konnten allerdings erst in letzter Zeit durch neurophysiologische und experimentalpsychologische Untersuchungen geliefert werden (z.B. im Polygraphischen Laboratorium der Landesnervenklinik in Salzburg). Gerhart Harrer (2) berichtet über die Ergebnisse der Messung biologischer Reaktionen des Körpers auf Musik mit Hilfe elektronischer Meßinstrumente (EKG, EEG, EMG und andere polygraphische Meßinstrumente). Die Experimente zeigen deutliche Änderungen der Herz- und Kreislaufparameter (Pulsfrequenz, Blutdruck, periphere Durchblutung etc.), Atemtiefe und -frequenz, Schweißabsonderung, Muskelspannung und andere psychophysiologische Reaktionen.

Derartige grundlegende Untersuchungen konnte ich ergänzen durch:

- Popularitätsforschungen, denen die Frage zugrunde lag, warum nur jeweils bestimmte Musikstücke (im Zeitraum von 1810-1960, also im Laufe von 150 Jahren) populär wurden und andere nicht (3);
- empirische Beobachtungen musikbezogenen Verhaltens in verschiedensten Situationen und Bedingungszusammenhängen: Sie bildeten die Grundlage für die systematische Erfassung musikbezogener Verhaltensreaktionen (4);
- empirisch-statistische Untersuchungen zur Beschaffenheit (Material und Struktur), Vermittlung, Funktion, Rezeption und Wirkung textbezogener Musik (5);
- psychoanalytische, sozialpsychologische und sozialisationstheoretische Untersuchungen zur Funktion, Rezeption und Wirkung von Musik unter besonderer Berücksichtigung musikalischer Sozialisation durch Massenkommunikation (6);
- praktische Erfahrungen über den Zusammenhang zwischen Musik und Bewegung, die ich bei der musikalisch-improvisatorischen Gestaltung körperlicher Spannungs- und Entspannungs-, Atem- und Bewegungsvorgänge im Rahmen meiner Arbeit in der rhythmischen Erziehung, Sportdidaktik und Bewegungstherapie machte;
- systematische Beobachtungen zur antriebsfördernden und entspannenden Wirkung von Musik in der neurologischen Rehabilitation (7). Diese Beobachtungen führte ich durch auf Anregung und in Zusammenarbeit mit dem Neurologen und Rehabilitationsforscher Prof. Dr. med. Robert Charles Behrend, dem damaligen Chefarzt der Neurologischen Abteilung des Allgemeinen Krankenhauses Hamburg-Harburg und der Rehabilitationsklinik des Hamburgischen Krankenhauses in Bad Bevensen.

  Diese Beobachtungen waren der erste Versuch, ein Instrumentarium anzubieten, mit dem ausführliche Untersuchungen zum gezielten Einsatz von Musik in der Therapie begonnen werden konnten.

Alle Untersuchungen und Beobachtungen zeigten übereinstimmend, daß bestimmte musikalische Strukturen (Tonfolgen, Intervalle, Melodiewendungen, Rhythmen, Akkorde, Harmoniefolgen, Instrumentationen, Klänge, Sounds, Aufnahmeeffekte) auffallende Wirkungen hervorriefen, die allerdings von dem jeweiligen lebensgeschichtlich bedingten Erfahrungs- und Erwartungshorizont des Hörers abhingen.
Sie bildeten die Grundlage für eine Wirkungslehre der Musik, die ich anhand konkreter Musikbeispiele auf den beiden beiliegenden Compact Discs zu erläutern versuche.
Wenn hier die Wirkungsursachen und -möglichkeiten musikalischer Strukturen dargelegt sind, so erfahren die Nutzer - Ärzte, Therapeuten, Krankengymnasten - über die therapeutische Wirkung der Musik hinaus zugleich etwas über die Ästhetik der Musik. So können sie auch selbst Musik bewußter hören und intensiver erleben.
Die vorliegenden kommentierten Musikbeispiele mögen darüber hinaus einem weiteren Kreis musikalisch interessierter Menschen dienen: als Anregung zum bewußteren Hören und vertieften Erleben von Musik ebenso wie als »Hausmittel« einer musikalischen »Apotheke«.
Die Klangbeispiele sollen als exemplarische Anregungen dienen, aus der Fülle geeigneter Musikstücke, Melodien, Rhythmen und Klänge diejenigen auszuwählen, die dem jeweiligen therapeutischen Bedarf entsprechen.
Gemeint ist Musik zum **Hören**, nicht zum Musizieren. Auf die Bedeutung des eigenen Singens und Musizierens für die **aktive** Musiktherapie kann hier nur am Rande verwiesen werden. In diesem Buch geht es um die Einbeziehung des Musik**hörens** in die Therapie und als Lebenshilfe. Jeder Hörer möge anhand unserer Hintergrundinformationen und konkreten Anregungen selber testen, was ihm Spaß macht und was ihm in bestimmten Situationen helfen kann.
Entscheidend für einen solchen gezielten Einsatz von Musik in der Therapie wie im täglichen Leben (beim Arbeiten, Autofahren, Entspannen usw.) ist die jeweilige Disposition und Persönlichkeitsstruktur des Hörers, des Nutzers, des Patienten, des Antrieb oder Entspannung Suchenden. Diese ist geprägt durch die musikalische Lebensgeschichte: Jeder Mensch verknüpft bestimmte wichtige Erlebnisse und Erfahrungen mit bestimmten Musikstücken. Sie prägen und gestalten die musikalische Biographie in besonders starkem Maße und gewinnen einen großen Einfluß auf die Sozialisation und Persönlichkeitsentwicklung des Menschen.
Dies gilt in besonderem Maße für die Phase der Pubertät: Gerade in diesem Lebensabschnitt wird der heranwachsende Mensch durch Musik geprägt, er saugt sie gleichsam auf. Sie wird zu einem wichtigen Teil seiner Persönlichkeit, seines Wesens, seiner Empfindungswelt. Solche musikalischen Eindrücke, die sich mit wichtigen Ereignissen und Erlebnissen verknüpfen (assoziieren), wirken ein Leben lang. Deshalb ist es wichtig, vor dem gezielten Einsatz von Musik die musikalische Lebensgeschichte zu untersuchen: Robert Charles Behrend spricht von der »musikalischen Anamnese«. Sie ist eine wichtige Grundlage für den wirkungsvollen Einsatz der Musik nicht nur in der Therapie, sondern auch in alltäglichen Lebenssituationen gesunder Menschen, die sich Antrieb oder Entspannung durch Musik erhoffen.
Ich werde anhand der konkreten Musikbeispiele auf den CDs zeigen, wie sich eine solche musikalische Anamnese auswirkt.

Trotzdem kann ich mit diesen Beispielen keine starren, vorgeformten »Rezepte« für den Einsatz von Musik in der Therapie und im täglichen Leben bieten; denn jede kommunikative und therapeutische Situation beim Umgang mit Musik ist anders und immer wieder neu. Es gibt so viele Faktoren, die die jeweilige Wirkung prägen, daß sie nur im Einzelfall bestimmt und definiert werden kann.

Während die musikalische Struktur eines Musikstückes relativ genau beschrieben werden kann, fällt die präzise Beschreibung der Bedingungen ihrer Vermittlung erheblich schwerer. Das gilt schon für die Interpretation (Reproduktion, Wiedergabe) einer Partitur oder eines Notentextes: Jeder Interpret gestaltet den Notentext in bezug auf Tempo, Artikulation, Phrasierung und Dynamik unterschiedlich, auch wenn der Komponist hierfür konkrete Angaben macht. Deshalb gleicht kaum eine Interpretation eines Musikstückes der anderen. Es gehört sogar zum Wesen der Musik, daß jede Interpretation je nach den Bedingungen anders und neu gestaltet wird. Die schöpferische Phantasie des Dirigenten, Sängers oder Instrumentalisten führt zu immer neuen Versionen und Varianten der Umsetzung einer Partitur in lebendige Klangwirklichkeit.

Geschieht diese Umsetzung in unmittelbarem Kontakt mit dem Patienten oder Hörer oder Tänzer, so kann sich die musikalische Wiedergabe als Wechselbezug optimal entfalten und zu maximalen Wirkungen führen. So stimmt der Klavier spielende Therapeut beispielsweise bei der Behandlung von Schlaganfallpatienten mit bestimmten Lähmungen (motorischen Ausfällen) oder von Parkinson-Patienten im Rahmen der neurologischen Rehabilitation nicht nur die Auswahl des Stückes (vor dem Hintergrund der musikalischen Anamnese) auf den jeweiligen Patienten ab, sondern auch Tempo, Phrasierung, Artikulation, Lautstärke und - besonders wichtig - die Agogik, d.h. die jeweilige Verzögerung oder Beschleunigung des Tempos (des pulsierenden Metrums) der Interpretation. Wichtig ist dabei die enge Verknüpfung von motorischem Ausfall und psychisch-vegetativem Zustand des Patienten.

Die Bewegungen des Patienten unter dem Einfluß der am Klavier vorgespielten Musik genau im Auge, kann sich der Therapeut auf jede einzelne Bewegung, jede körperliche Reaktion, jeden motorischen Reflex des Patienten, jeden kleinen Fortschritt im Bewegungsrepertoire einstellen und ihn verstärkend beeinflussen. Hieraus ergeben sich wichtige Erkenntnisse über die unmittelbare verhaltensauslösende, bewegungsbeeinflussende Wirkung bestimmter musikalischer Strukturen, die ich anhand der Klangbeispiele dieser Dokumentation erläutern werde.

Wichtig ist auch die Zeitdauer des Einsatzes von Musik: Sie darf nicht zu kurz und nicht zu lang sein, je nach der spezifischen Situation und Befindlichkeit des Patienten. Diese kann von Minute zu Minute wechseln, insbesondere dann, wenn der Patient seelisch unter den bewegungshemmenden, lähmenden Folgen eines Schlaganfalls oder an der Parkinson-Krankheit leidet und immer wieder in Depressionen verfällt; wenn er seine schwierige Situation nicht akzeptieren kann; wenn er sich an glückliche Zeiten erinnert, in denen er sich frei und ungehemmt bewegen konnte.

Eine solche Erinnerung kann deprimierend, unter bestimmten Voraussetzungen aber auch motivierend sein: Wenn die Erinnerungen an glückliche Ereignisse und Erlebnisse aus der Jugendzeit sich mit bestimmten Melodien und Rhythmen, Klängen, Stilvarianten oder beliebten Interpreten verknüpfen, dann können diese musikalisch heraufbeschworenen Erinnerungen wahre Wunder bewirken: Behrend berichtet von einem 70jährigen Offizier, der beim Erklingen

des alten Schlagers »O Donna Clara« begann, sein gelähmtes Bein zunächst zaghaft, dann im Verlaufe des Rehabilitationstrainings mit Musik immer intensiver zu bewegen. Ich werde im Rahmen der Wirkungsanalyse dieses Musiktitels ausführlicher darüber berichten.
Die Wirkung von Musik hängt also nicht nur von ihrer strukturellen Beschaffenheit ab, sondern auch von ihrer lebensgeschichtlichen Bedeutung für den Hörer und darüber hinaus von den jeweiligen Vermittlungsbedingungen, also von Zeit, Raum und Ort sowie von der jeweiligen psychischen Befindlichkeit und kommunikativen Situation.
Es bedarf besonderer Sensibilität und Einfühlungsfähigkeit des Therapeuten oder des Menschen, der Musik gezielt für sich anwendet (in der Art einer »Selbstmedikation«), mit Musik so umzugehen, daß sie ihre helfende oder heilende, ihre antriebsfördernde oder entspannende, ihre tröstende oder entlastende Wirkung voll entfalten kann.
Dies wird z.B. dem Autofahrer deutlich, wenn er Musik im Straßenverkehr einsetzt: Je nach seiner spezifischen Befindlichkeit, je nach Zeit, Verkehrssituation, Termindruck, Wachheit oder Müdigkeit, Gelassenheit oder Gereiztheit geht von ein und demselben Musikstück eine völlig unterschiedliche Wirkung aus: Ein Stück, das in der einen Situation entspannend wirkt, ruft in einer anderen Aufregung bis hin zur Aggression hervor.
Umgekehrt kann ein rhythmisch betontes, aufregendes Stück in bestimmten Situationen Entspannung hervorrufen, zum Abbau von Aggressionen und psychischen Spannungen führen.
Deshalb habe ich es bisher auch immer abgelehnt, komplette Musikprogramme für Autofahrer zusammenzustellen: Dies ist ebensowenig möglich, wie eine »Musikapotheke« einzurichten, in der der Patient auf Anordnung des Arztes eine bestimmte verschriebene Musik erwirbt, die er zur Heilung einer bestimmten Krankheit »einnimmt«.
Obwohl ich meine musikalische Wirkungslehre gelegentlich als »Musikpharmakologie« bezeichnet habe, wies ich stets auf die Problematik eines solchen Vergleichs hin, denn Musik ist nicht so exakt naturwissenschaftlich meßbar wie die chemische Struktur eines Medikamentes (wie ja auch die Partitur eines Musikstückes nur als ihr »Stenogramm« aufzufassen ist, das durch die Interpretation klanglich realisiert werden muß). Noch wichtiger aber ist die Erkenntnis, daß die Wirkung von Musik abhängt von den jeweiligen, eben beschriebenen Vermittlungsbedingungen.

Will man die Wirkung von Musik auf eine Formel bringen, so könnte man sie beschreiben als eine Wechselwirkung von:

- Beschaffenheit (melodischer, rhythmischer, harmonischer, formaler, instrumentatorischer und klanglicher Struktur),
- Vermittlung (Wieder- und Weitergabe unter spezifischen Kommunikationsbedingungen),
- Funktion (psychologischer, sozialpsychologischer, situativer und sozialer Bedeutung der jeweiligen Musik für den Interpreten und Rezipienten unter besonderer Berücksichtigung der lebensgeschichtlichen Bedeutung),
- Rezeption (Bedingungen des Hörens und Erlebens) und
- Wirkung (psychophysiologischer Reaktion auf eine jeweilige Musik).

Weil die Wirkung von Musik in der Therapie von so vielen verschiedenen Faktoren abhängt, muß der Nutzer und Anwender (Hörer oder Therapeut) Genaueres über die Strukturelemente, d.h. die melodischen, rhythmischen, harmonischen, formalen und klanglichen »Substanzen« wissen, die die gewünschten Wirkungen auslösen können.
Denn eigentlich muß sich jeder Nutzer die Musikbeispiele (»Musikmedikamente«) selber zusammenstellen, nach Möglichkeit selber »abmischen«, so wie es früher der Apotheker tat: Er mischte die Medikamente je nach individueller Verschreibung des Arztes zusammen. Heute überwiegen die industriell gefertigten Präparate, die er nur noch zu verkaufen braucht.
Die detaillierte Wirkungsanalyse jedes einzelnen Musikbeispiels (»Medikaments«) ist deshalb nötig, weil es nichts nützt, die Musikbeispiele - vielleicht gar als Berieselung - ablaufen zu lassen. Vielmehr muß der Therapeut genau auf die Wirkungen und Impulse achten, die von bestimmten Stellen der Musik ausgehen, um sie gezielt einsetzen zu können.
Auch der Hörer oder Patient sollte so weit wie möglich auf Besonderheiten und Feinheiten der Musik aufmerksam gemacht werden, damit er sie beachten, sich intensiver auf sie einstellen und sie auf sich wirken lassen kann. Im übrigen hat er einen Anspruch darauf zu wissen, womit, in diesem Fall mit welcher Musik, man ihn warum und wie behandelt.
Schließlich sei an die zusätzliche Intention dieser Dokumentation erinnert, Menschen in das intensive Erleben und Genießen von Musik einzuführen. Ziel ist es, daß der Hörer die Musik »auf der Zunge zergehen läßt«, um sie in ihrer vollen Wirkung und Faszination, in ihrer helfenden, entlastenden, aufbauenden und stärkenden Funktion auf sich einwirken zu lassen.
Die auf den CDs enthaltenen vielen Kurzbeispiele sollen als »Appetizer«, als »Appetitanreger« hierfür dienen. Da es sich aber nur um kleine »Appetit-Häppchen« handelt, können die betreffenden Musikstücke erst dann ihre volle Wirkung und Faszination entfalten, wenn man sie ganz hört, nachdem man sich im Fachhandel die kompletten Aufnahmen auf Tonträgern besorgt hat. (Eine Reihe der angespielten Beispiele ist vollständig zu hören auf der Doppel-CD »Musik zum Entspannen« bei Karussell Musik & Video GmbH.)
Der gezielte Einsatz von Musik als Therapie in den verschiedenen Fachgebieten der Medizin beruht im Grunde auf zwei Prinzipien:

1. Antrieb und Motivation

Antrieb bezieht sich ganz konkret auf beobachtbare körperliche Reaktionen besonders im Bereich der Bewegung. **Motivation** ist die Gesamtheit der Beweggründe, die eine Entscheidung, eine Handlung beeinflussen.
Hier geht es vor allem darum, daß vegetative oder Bewegungsfunktionen des menschlichen Körpers durch Musik angeregt und daß psychosomatische Selbstheilungskräfte freigesetzt werden. Insofern könnte man von einer »musikalischen Naturheilkunde« sprechen. In ihr spielt das musikalische Motiv eine wichtige Rolle: Es bringt nicht nur den musikalischen Ablauf (die Melodie) in Bewegung, sondern es bewegt auch den Menschen, und zwar sowohl körperlich-motorisch wie auch psychisch.

2. Entspannung und Harmonisierung

Viele Krankheiten beruhen auf einer Verspannung und Verkrampfung der Muskeln oder Blutgefäße. Diese können durch Musik gelöst werden. In diesem Zusammenhang ist auch die angstlösende (anxiolytische) und schmerzlindernde (analgetische) Wirkung von Musik zu erwähnen. Sie kann nutzbar gemacht werden vor einem chirurgischen oder zahnärztlichen Eingriff. Allerdings muß der Patient über Kopfhörer ganz individuell mit Musik »behandelt« werden, die auf ihn abgestimmt ist und seiner lebensgeschichtlichen Situation entspricht. Untersuchungen von Ralph Spintge (8) haben ergeben, daß Anästhetika vor Operationen ganz erheblich niedriger dosiert werden konnten, wenn der Patient vorher durch Musik beruhigt wurde. Die Musik führt zu einer tiefen Entspannung, die die Operation erleichtert.

Entsprechendes gilt für den Einsatz von Musik in der Gynäkologie, z.B. im Kreißsaal bei der Entbindung. Auch hier führt die Musik zur Entkrampfung und Entspannung während der Geburt. Aber auch schon vorher kann Musik eine wichtige Hilfe sein, z.B. bei vorzeitig einsetzenden Wehen.

Die schmerzlindernde (analgetische) Wirkung von Musik während der Zahnbehandlung hängt von verschiedensten Faktoren ab. Vor allem muß der Patient selber bei der Musikauswahl helfen, die wiederum von seiner spezifischen musikalischen Lebensgeschichte abhängt. Die Schmerzlinderung beruht auch hier auf Entkrampfung, Angstminderung und Ablenkung.

Im Bereich der Inneren Medizin spielt Musik eine Rolle für die Harmonisierung und Normalisierung vegetativ gesteuerter Organe. Hierzu gehören Herz-Kreislauf ebenso wie Magen-Darm-Trakt. Wie Gastroenterologen immer wieder betonen, sind mehr als die Hälfte der Magen-Darmleiden psychosomatisch bedingt. Wenn man ihre Ursachen beseitigen will, so genügt es nicht, Magenmedikamente (die z.B. die Magensäure binden) zu verordnen, sondern man muß sich um eine Änderung der psychischen Situation bemühen. Dabei kann Musik eine wesentliche Hilfe sein. Sofern die Ursachen einer Magen-Darm-Krankheit in der Familie zu suchen sind, kann gemeinsames Musizieren wahre Wunder bewirken: Es führt dazu, daß die Familie als soziale Einheit wieder zusammenwächst und vorhandene Spannungen mit Hilfe des gemeinsamen Musizierens reduziert oder abgebaut werden können. Dies bezieht sich aber in der Regel auf den Bereich der aktiven Musiktherapie. Jedoch kann unter Umständen auch durch gemeinsames Musikhören das Familienleben und die Gemeinschaft in der Familie positive Impulse erhalten.

Antrieb und Entspannung hängen eng zusammen, wie im folgenden noch detailliert erläutert wird. Antriebsfördernde Musik kann die Abwehrkräfte des Körpers steigern, wie Forschungen im Bereich der Immunologie zeigen.

Die Anwendung von Musik in der Rheumatologie und Psychiatrie ist sehr vielschichtig und vielfältig: Einen gut lesbaren Überblick gibt das neu erschienene Taschenbuch »Aus der Seele gespielt - Eine Einführung in die Musiktheorie« von Hans-Helmut Decker-Voigt (9).

Für die Anwendung von Musik bei bulimischen Frauen (die unter Mager- bzw. Fettsucht leiden) liegen neuere Untersuchungen vor (z.B. von Irmtraud Krüger-Tarr, 10).

Der Autismus als Kommunikationsstörung kann am besten mit Musik behandelt werden, allerdings weniger durch das Musikhören (rezeptive Musiktherapie) als durch das Musikmachen,

also einen nonverbalen Dialog zwischen TherapeutInnen und PatientInnen. Auf diese Weise kann die Kommunikationsstörung langsam und schrittweise überwunden werden. Ich verweise auf Untersuchungen z.B. von Christoph Hohlfeld (11).
Musiktherapie bei Depressionen ist ein ebenso wichtiges wie schwieriges Gebiet. Ich werde bei einer Reihe von Beispielen auf diverse Möglichkeiten hinweisen. Wichtig ist hierbei, daß der Patient nicht von »außen« und gewaltsam durch fröhliche Musik aufgeheitert werden soll (dies führt in der Regel zum Gegenteil), sondern aus seiner depressiven Befindlichkeit durch entsprechende Musik »abgeholt« und langsam aus der Sackgasse herausgeführt wird (s. Beispiel 09: Mozart: g-Moll-Sinfonie 1. Satz).

Zusammenfassend möchte ich folgende Grundhypothesen der therapeutischen Wirkungsanalyse und musikalischen »Heilkunde« formulieren:

1. Ästhetische und therapeutische Wirkung bestimmter Musikstücke weisen Analogien auf.
2. Aufgrund dieser Analogien gibt es einen deutlichen Bezug zwischen musikalischen Strukturen (melodischer, rhythmischer, harmonischer, formaler, instrumentatorischer und klanglicher Beschaffenheit) und beobachtbaren (meßbaren) therapeutischen Effekten.
3. Die therapeutische Wirkung von Musik ist außerdem abhängig von lebensgeschichtlich geprägten Assoziationen (Verknüpfungen musikalischer Werke, Strukturen oder Stile mit bedeutsamen Ereignissen, Erlebnissen, Erinnerungen und Gefühlen).
4. Die therapeutische Wirkung von Musik wird darüber hinaus beeinflußt von der jeweiligen kommunikativen Situation, in der sich Patient und Therapeut befinden.
5. Das Erklären, Verdeutlichen und Bewußtmachen der Wirkungsstrukturen und -mechanismen von Musik kann zu einer gezielten Sensibilisierung der musikalischen Wahrnehmung führen und dadurch die ästhetische wie therapeutische Wirkung verstärken.
6. Der enge Bezug zwischen ästhetischen und therapeutischen Wirkungsstrukturen kann darüber hinaus intensiviert werden, indem lebensgeschichtlich bedingte, therapeutisch hilfreiche Assoziationen durch musikalische Anamnese ermittelt, verstärkt, differenziert und - im Hinblick auf ihre spezifische antriebsfördernde oder entspannende Wirkung - gezielt gestaltet werden im Sinne einer »assoziativen Konditionierung«.
7. Die therapeutische Wirkung von Musik kann außerdem suggestiv unterstützt werden durch eine überzeugende Vermittlung des Bewußtseins ihrer heilenden Wirkung. Eine solche Maßnahme unterscheidet sich deutlich von dem »Placebo-Effekt«, der sich nur auf die suggestive Kraft und psychologische Einwirkung des Therapeuten und nicht auf die Substanz (»Struktur«) des Medikaments bzw. der therapeutischen Maßnahme stützt. Hier geht es im Gegenteil darum, das Potential an antriebsfördernden und entspannenden Wirkungselementen, das sich in der Musik findet, durch Sensibilisierung und Konditionierung der Wahrnehmung zu erschließen. Hinzu tritt die therapeutische Intensivierung durch die Überzeugungskraft und Ausstrahlung des Therapeuten, der die jeweilige Wirkung einer musikalischen Struktur in der konkreten therapeutischen Situation bewußtmacht und damit suggestiv verstärkt (der Therapeut als »Heilmittel«).

Antrieb und Motivation durch Musik (CD 1)

Motivierende Instrumentalmusik von Bach bis Bartók

Antrieb und Motivation durch Musik (CD 1)

Antrieb bezieht sich ganz konkret auf beobachtbare körperliche Reaktionen besonders im motorischen Bereich der Bewegung.

Motivation bezeichnet die Ebene des seelischen Antriebs, die nicht immer scharf von der körperlichen zu trennen ist, insbesondere im psychosomatischen Bereich, denn es gibt gerade beim gezielten Einsatz von Musik in der Therapie eine Wechselwirkung zwischen psychischer Motivation und körperlichem Antrieb. Dies wird in den folgenden Kommentaren zu den einzelnen Musikbeispielen deutlich.

Karl Hörmann beschreibt Musik als »Erzeugen und Erzeugnis von Bewegung durch Bewegung. Musik wirkt demnach auch durch die Arten von Bewegungen, mit denen sie erzeugt wird. Diese lassen sich analysieren und systematisch nachvollziehen anhand der Ordnungskategorien Kraft/Energie/Dynamik, Zeit/Tempo, Raum/Ablauf und Form/Flucht/Gestaltung (Aufbau, Gliederung, Phrasierung, Artikulation)« (12).

Die vorliegende CD-Edition bringt vor allem im ersten Teil (CD 1: Beispiele 1-16) Kurzbeispiele, Zitate als Kostproben und Anregungen für die gezielte Auswahl von Musikstücken zur Antriebsförderung (die die Umsetzung von Musik in körperliche Bewegung einschließt) und Motivation.

Die meisten Beispiele sind zu kurz, als daß sie unmittelbar für die Therapie eingesetzt werden könnten. Vielmehr geht es darum, dem Therapeuten und Nutzer zu zeigen, nach welchen Gesichtspunkten und Kriterien Musik gezielt zum Helfen und Heilen ausgewählt werden kann.

Wer über einen CD-Player mit Fernbedienung verfügt, kann allerdings auch die Kurzbeispiele wiederholt abspielen und in ihrer Wirkung auf sich testen. Stellt sich dabei heraus, daß die Wirkung intensiv und hilfreich ist, empfiehlt es sich, das entsprechende Werk als Gesamtaufnahme zu erwerben.

Alle zitierten Musikstücke sind im Fachhandel problemlos erhältlich, so daß der Therapeut und Nutzer sie nach meinen Anregungen in der Praxis einsetzen kann.

Viele Musikbeispiele der vorliegenden CDs werden von Nachwuchskünstlerinnen und -künstlern unserer Hochschule für Musik und Theater, Hamburg interpretiert. Diese Edition dient also gleichzeitig der Nachwuchsförderung.

Ich danke den Herren Prof. Hidenori Komatsu und Cord Garben dafür, daß sie diese CD-Edition ermöglicht haben und selber als Interpreten mitwirkten. Mein Dank gilt auch Joachim Kuntzsch, der an der Hamburger Hochschule für Musik und Theater lehrt und sich spontan bereit erklärte, bei den Aufnahmen als Interpret mitzuwirken.

Die Edition verfolgt in erster Linie das Ziel, eine musiktherapeutische Wirkungslehre vorzustellen, die nicht nur verbal beschrieben, sondern anhand überwiegend kurzer ausgewählter Klangbeispiele exemplarisch demonstriert wird.

Ich möchte noch einmal betonen, daß es auch bei dieser rezeptiven Musiktherapie, bei der der Patient die Musik nur hört und nicht selber macht, um einen möglichst engen kommunikativen Wechselbezug zwischen Therapeuten und Patienten geht. Indem der Therapeut, im Idealfall selber am Klavier spielend, den Patienten bei seinen Bewegungen und Reaktionen verfolgt, kann er die Musik gezielt, der jeweiligen Befindlichkeit und spezifischen Situation und Krankheit entsprechend, einsetzen.

Die ausgewählten Beispiele dienen, wie schon gesagt, nicht nur der Demonstration und exemplarischen Darstellung einer musiktherapeutischen Wirkungslehre in Theorie und Praxis, in Wissenschaft und Kunst (Therapie ist nicht nur eine Wissenschaft, sondern eine Kunst, weshalb man auch von »Kunstfehlern« spricht). Die Beispiele sollen gleichzeitig einen Zugang zum Musikhören, Musikerleben, Musikverstehen und -genießen verschaffen.

Die vorliegende CD-Edition verfolgt also nicht nur einen therapeutischen, sondern gleichzeitig einen pädagogischen Zweck: dem Hörer Musik und ihre Wirkung näherzubringen.

Dabei wird insofern ein neuer Weg beschritten, als die Musik nicht von ihrer Machart, d.h. von ihrer Komposition und Interpretation her beschrieben wird, sondern primär über ihre Wirkung auf den Hörer.

Ich bin überzeugt, daß ein solches Vorgehen von der Wirkungslehre aus besonders dem musikalischen Laien, Liebhaber oder Amateur einen besseren Zugang verschafft als die übliche und verbreitete Strukturanalyse, die in diesem Zusammenhang lediglich eine unterstützende und helfende Funktion einnimmt.

Motivierende Instrumentalmusik von Bach bis Bartók

Beispiel 01 Johann Sebastian Bach: Orchestersuite Nr. 3, D-Dur, BWV 1068, 1. Satz
Academy of St. Martin in the Fields,
Leitung: Sir Neville Marriner
(Philips 426462/2)

Das Werk Johann Sebastian Bachs bietet eine Fülle therapeutisch geeigneter Musikbeispiele. Zu ihnen gehören die Orchestersuiten, in denen vor allem die Tanzsätze antriebsfördernde Wirkung ausüben, z.B. die Gavotten, Giguen, Couranten, Menuette und Bourréen.
Für teilgelähmte Schlaganfallpatienten mit motorischen Ausfällen, die stark bewegungsgehemmt sind (z.B. ein gelähmtes Bein haben) und die Bachs Musik lieben, empfiehlt sich zu Beginn der Rehabilitation der Anfang des 1. Satzes der 3. Suite in D-Dur (Grave) mit seinem langsam schreitenden, festlich-feierlichen Charakter:

- Der gravitätisch punktierte Rhythmus vermittelt dem Patienten antriebsfördernde vegetative Bewegungsimpulse. Diese können ihm bei gezielter, lang andauernder, krankengymnastisch betreuter Übung helfen, die verlorene Bewegungsfähigkeit langsam und schrittweise wieder zu erlangen. (Entsprechende Untersuchungen führte der Hamburger Neurologe und Rehabilitationsforscher Robert Charles Behrend in seiner Klinik durch.)
- Neben diesem motivierenden punktierten Rhythmus nimmt auch der musikalisch ungeübte Hörer sofort den strahlenden, aufmunternden und stimmungsaufhellenden Klang der Trompeten und Pauken, Oboen und Streicher wahr.
- Hinzu treten als melodisches Wirkungselement die exponierten Sextsprünge (Takt 1 und 2). Sie sind melodisch und rhythmisch vorbereitet und werden von den Oboen und 1. Violinen gespielt. Der Sextsprung gehört zu den wichtigsten antriebsfördernden Tonschritten (Intervallen), wie sowohl die Popularitäts- als auch die Wirkungsforschung immer wieder bestätigten.

Rhythmus, Melodik und Klang vermitteln insgesamt eine stark aufbauende, stützende therapeutische Wirkung, die sich besonders in der neurologischen Rehabilitation von Schlaganfallpatienten nachweisen läßt. Hier werden die vegetativen Impulse am besten sichtbar, indem das Bewegungsverhalten des Patienten sich unmittelbar unter dem Einfluß der Musik verändert.
Das Hauptproblem bei der Behandlung von Schlaganfallpatienten liegt darin, daß ihre Bewegungen sehr langsam, schwerfällig und mühsam sind. Deshalb sollte zu Beginn der Behandlung nur langsame Musik verwendet werden, so wie in diesem Beispiel, das natürlich in unserem Zitat zu kurz ist. Unter Umständen muß ein noch langsameres Tempo gewählt werden. Bei der Tempowahl darf allerdings nicht die Grenze des künstlerisch Vertretbaren unterschritten werden.

Im Verlauf der Rehabilitation sollte das Tempo gesteigert werden. Gegen deren Ende kann dann der zweite Teil des 1. Satzes dieser Orchestersuite von Bach, das Vivace (Takt 27 ff.), verwendet werden. Das Fugenthema wirkt durch seinen »anapästischen« Rhythmus (d.h. durch den rhythmisch unterteilten und dadurch besonders lebendigen Auftakt) sowie durch die Tonwiederholungen und die permanente Wiederholung des kurzen dreitönigen Motivs besonders antriebsfördernd.

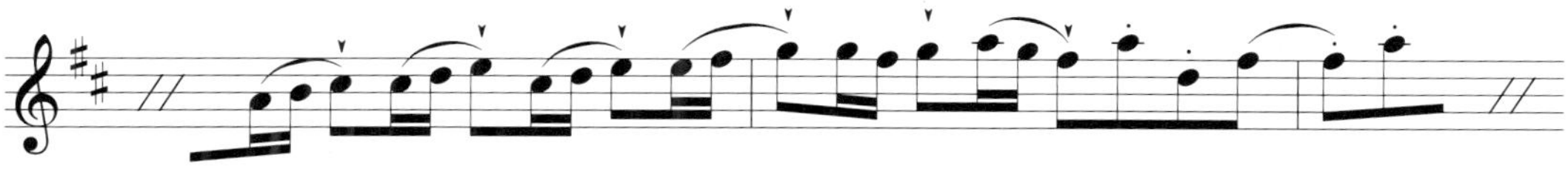

An diesem Beispiel zeigt sich auch, wie das Kompositionsprinzip der Fuge, in der ein Thema nacheinander in verschiedenen Stimmen auftritt, eine besonders bewegungsauslösende vegetative Schubkraft entfaltet. Hier fallen also ästhetisch-architektonische Qualität und therapeutische Wirkungsintensität zusammen.

Auch der Schlußsatz der 4. Suite in D-Dur mit dem Titel »Réjouissance« (»Freude, Ergötzlichkeit«) eignet sich gut für die Antriebsförderung. Das rhythmisch prägnante Hauptmotiv, das in kürzesten Abständen von wechselnden Stimmen nachgeahmt wird, und die schmetternden Trompeten verfehlen ihre Wirkung wohl kaum.

Beispiel 02 Johann Sebastian Bach: Weihnachtsoratorium BWV 248, 1. Teil
Staatskapelle Dresden, Rundfunkchor Leipzig
(Einstudierung Jörg-Peter Weigle)
Leitung: Peter Schreier
(Philips 420204/2)

Eine ungewöhnlich starke antriebsfördernde Kraft geht von dem berühmten Eingangschor (»Jauchzet, frohlocket«) des Weihnachtsoratoriums aus:

- Vor allem bewirkt das der kraftspendende Quartsprung in den Pauken, dessen Wirkung rhythmisch gesteigert wird (Takt 2 und 3).
- Hinzu tritt (in Takt 2) das auftaktige Motiv mit Triller in den beiden Querflöten; es wird in Takt 4 von den beiden Oboen wiederholt (3 Töne tiefer als »Sequenz«).
- Die steile, freudige »Erregungskurve« setzt sich fort in dem rhythmisch orientierten Dreiklangsmotiv der drei Trompeten. Die Wirkung wird durch den fugierten Einsatz (Takt 5/1. Trompete, Takt 6/2. Trompete, Takt 7/3. Trompete) gesteigert: wiederum ein Beweis für die motivierende Wirkung des Fugenprinzips.
- Der 3/8 Takt wirkt tänzerisch, schwingend und fröhlich.

Beispiel 03 Johann Sebastian Bach: Messe in h-Moll BWV 232
»Et resurrexit« aus dem »Credo«
The English Baroque Soloists
The Monteverdi Choir
Leitung: John Eliot Gardiner
(Archiv Produktion 415514/2)

Die h-Moll-Messe von Bach gehört zu den größten Werken abendländischer Musikkultur. Einige Musikwissenschaftler haben sie als das bedeutendste Werk aller Zeiten und Völker bezeichnet. Auf die großartige Architektur und theologisch-musikalische Bedeutung, auf die kunstvolle Auslegung des Messetextes durch vielfältige Wort-Ton-Bezüge und zahlensymbolische Zusammenhänge kann hier nicht näher eingegangen werden.
Trotz seiner tiefgründigen geistigen und geistlichen Bedeutung entfaltet das Werk auch beim Hören einzelner Ausschnitte eine ungewöhnliche antriebsfördernde und motivierende Kraft. Dies gilt auch für den Ausschnitt aus dem »Credo« (dem Glaubensbekenntnis). Das »Et resurrexit« schließt sich unmittelbar an das »Crucifixus« (»Gekreuzigt«) an. »Et resurrexit«, wörtlich übersetzt »Und er ist auferstanden«, gehört zu den Schlüsselaussagen christlicher Botschaft. Die Auferstehung Christi ist ein Kernstück christlichen Glaubens. Diese Heilsbotschaft vertont Bach nach allen Regeln der Kunst:

- Auf die tiefe Tonlage und dunkle Klangfärbung des vorangehenden »Crucifixus« folgt hier ein ungewöhnlich strahlender, optimistischer Klang, geprägt durch Trompeten und Pauken, Querflöten, Oboen und Streicher. In strahlendem D-Dur entfaltet sich ein wirklich stimmungsaufhellender, motivierender Klang, wie er selten zu hören ist.
- Der Rhythmus ist auftaktig geprägt und durch die Triole von ungewöhnlich antriebsfördernder, motorisch impulsiver Wirkung.

– Kennzeichnendes Merkmal ist wiederum der Quartsprung, zu Beginn des Themas aufsteigend und am Ende absteigend. In der instrumentalen Melodieführung der ersten drei Takte gibt es in der 1. Trompete zwei aufsteigende Quarten (Takt 1 und 2) und in den Flöten und 1. Violinen die Verbindung von ab- und aufsteigender Quarte in Takt 3.

Die Quarte ist das Symbol der Gewißheit, der Stärke, der Zuversicht: Genau diese Botschaft braucht der Patient, sowohl der Schlaganfallpatient, der durch seine Lähmungserscheinungen psychisch niedergedrückt ist, als auch der Depressive.

- Weiteres Wirkungselement ist die erregende melodische Wendung (»Doppelschlag«) im Takt 2 in den beiden Sopranen und in den Instrumenten: Symbol der Freude über die Auferstehung.
- Die jubelnden Melismen in den Singstimmen ab Takt 9 dienen als Beispiel dafür, daß die musikalisch-theologische Ausdeutung der Auferstehung zusammenfällt mit einer motivierenden, antriebsfördernden, aufhellenden therapeutischen Wirkung, die dem Kranken hilft, neue seelische und körperliche Kraft zu gewinnen, um gleichsam »aus dem Bett aufzustehen«:

- Dazu trägt auch der Oktavsprung aufwärts in Takt 13 bei, der die Auferstehung verbildlicht, gleichzeitig aber auch einen Antriebsimpuls vermittelt.

Dieses Zusammenfallen vordergründig menschlicher, »diesseitiger« musikalischer Affekte und Wirkungen mit tiefgründigen theologischen Ausdeutungen ist typisch für die Zeit des Barock allgemein und für Bach insbesondere. So ist es kein Zufall, daß Bach für Teile des Weihnachtsoratoriums Musik verwendet, die er zunächst für einen weltlichen Anlaß komponiert hat, in diesem Fall für eine weltliche Herrscherpersönlichkeit. Diesen Affekt des Rühmens und Lobpreisens (eines im Barock üblichen **Topos)** überträgt Bach dann auf Gott, den Herrscher der Welt. Insofern ist es legitim, bei der therapeutischen Wirkungsanalyse durchaus Zusammenhänge herzustellen zwischen einer tiefgründigen theologischen Ausdeutung und einer vordergründigen Analyse der konkret helfenden und heilenden Musik.
Es sei auf den etymologischen Zusammenhang zwischen **Heil** als theologischem Begriff und **Heilung** als therapeutischem Begriff hingewiesen. Patienten, die tief im christlichen Glauben verankert sind, nehmen die theologische Botschaft ebenso auf, wie sie die vegetativ antriebsfördernde Wirkung gleichermaßen empfinden.
Deshalb werden in letzter Zeit immer häufiger Überlegungen über therapeutische Aspekte der Theologie oder theologische Aspekte der Therapie angestellt.
Das »Et resurrexit« ist wiederum im Dreiertakt komponiert und vermittelt damit ein Kreisen und Schwingen, das bei aller Erregtheit und aufwühlender Freude dennoch Harmonie und seelische Ruhe bewirkt.

Beispiel 04 Johann Sebastian Bach: Brandenburgisches Konzert Nr. 1 F-Dur
BWV 1046, 1. Satz
Münchener Bach-Orchester
Leitung: Karl Richter
(Archiv Produktion 427143/2)

Aufsteigende Dreiklänge gehören zu den antriebsfördernden musikalischen Strukturen, die immer wieder mit Erfolg eingesetzt werden können. Der Beginn des 1. Satzes des 1. Brandenburgischen Konzertes von Bach bietet hierfür ein Paradebeispiel.

- Die Wirkung des aufsteigenden Dreiklanges wird durch die Auftaktigkeit und durch den exponierten Quartsprung am Ende des Dreiklanges unterstützt.

- Der Rhythmus weist einen ausgesprochenen Tanzcharakter auf, der vegetative motorische Impulse beim Hörer und Patienten auslöst.
- Das gleichzeitig erklingende kontrapunktierende Motiv in den drei Oboen trägt zur Verstärkung der antriebsfördernden Wirkung bei. Auch dieses erregende Sechzehntelmotiv ist auftaktig und mündet in den Quartsprung ein.
- Die motivierende und stimmungsaufhellende Wirkung dieses Satzes wie des gesamten Konzertes entsteht - über die rhythmisch-musikalische Struktur hinaus - durch die ungewöhnliche Besetzung der verschiedenen miteinander konzertierenden Instrumentengruppen (»Concertino-gruppen«): 2 Hörner, 3 Oboen und Fagott, Piccolo-Violine (ein typisches Barockinstrument) und Streicher (2 Violinen, Viola, Violoncello).
- Merkmal des »Concerto grosso« (der Gattung, der die Brandenburgischen Konzerte von Bach zuzuordnen sind) ist der farbige und lebendige Wechsel zwischen dem ganzen Orchester (»grosso«) und den genannten kleinen Instrumentengruppen (»Concertino«). Von diesem Wechsel geht eine stark motivierende Wirkung aus.

Zu Beginn unseres Musikbeispiels erklingt das ganze Orchester (»grosso«). Am Ende konzertieren die einzelnen Instrumentengruppen (»Concertino«).

Überhaupt bilden alle Brandenburgischen Konzerte von Bach eine wahre Fundgrube für den therapeutischen Einsatz von Musik. Aus dieser Fülle weise ich hier auf den Schlußsatz des 5. Konzertes hin: die konzertante Fuge über ein heiter schwebendes Thema mit kraftvollem Quartsprung (der im Zuge der »Themenbeantwortung« mit der offenen Quinte abwechselt) und dem antriebsfördernden Wechsel von Punktierung und Triole.

Beispiel 05 Johann Sebastian Bach: Brandenburgisches Konzert Nr. 3 G-Dur
BWV 1048 1. Satz
Münchener Bach-Orchester
Leitung: Karl Richter
(Archiv Produktion 427143/2)

Das 3. Brandenburgische Konzert ist wohl das bekannteste und beliebteste.
Der Beginn des 1. Satzes ist durch seinen Tanzcharakter für die Antriebsförderung besonders geeignet:

- Das Hauptmotiv weist den für die Antriebsförderung typischen »anapästischen« Charakter auf: Dieser doppelte Auftakt (2 Sechzehntel) löst intensive vegetativ-motorische Impulse beim Hörer und Patienten aus, wie die Erfahrungen in der neurologischen Rehabilitation insbesondere bei Schlaganfallpatienten immer wieder bestätigten.
- Hinzu tritt das Gesetz der intervallischen Entwicklung: Das dreitönige Kopfmotiv wird das erste Mal im Quartabstand, das zweite Mal im Sextabstand wiederholt. Dieser lebendige, antriebsfördernde Vorgang klingt wie die Beantwortung des Motivs in der eigenen Stimme (»Selbstbeantwortung«).
- Nach dem dritten Auftreten des Kopfmotivs wird dieses nicht wiederholt, sondern aus dem Oktavabstand (der die Entwicklung vom Quart- über den Sextabstand steigert) entwickelt sich eine aufsteigende Melodielinie, die den anapästischen Rhythmus des Kopfmotivs aufnimmt und harmonisch die Dominante erreicht. Mit der intervallischen Entwicklung ist hier also eine melodische Fortspinnung verbunden, die durch Bewegungsrichtung und Harmonisierung mit der »strahlenden« Dominante bejahende, aufhellende, fröhliche Wirkung entfaltet.
- Ab Takt drei beginnt dann in den 1. Violinen die intervallische Entwicklung von der Quinte über die Sexte und Septime bis zur Oktave.
- Diese intervallische Evolution führt in Takt 4 zu einer mehrmaligen Wiederholung des daktylischen Motivs. Diese Motivwiederholung wirkt ebenfalls stark antriebsfördernd.
- In Takt 6 entsteht ein besonders motivierender Effekt durch die intervallische Evolution, die in der zweiten bis vierten Zählzeit dieses Taktes von der Terz über die Quarte, Quinte, Sexte und Septe bis zur Oktave führt (in den 1. Violinen).
- Gleichzeitig erfolgt eine Entwicklung, die zur formalen Erweiterung nach dem »Gesetz der wachsenden Glieder« (Martin Behaghel) führt: Takt 4 ist überwiegend geprägt durch ein Motiv von der Dauer eines Takt**viertels**, Takt 5 ist **halbtaktig** gegliedert. Aus dem Ende der **halbtaktigen** Figuren ergibt sich eine Entwicklung, die den **ganzen** Takt 6 umfaßt und direkt weiterführt in eine Schlußbildung, die knapp **2 Takte** lang ist (Phrasenschluß insgesamt 3 Takte). Dieses für die Antriebsförderung wichtige »Gesetz der wachsenden Glieder« stammt aus den syntaktischen Forschungen an der indogermanischen Sprache, für die dieses Gesetz charakteristisch ist. Es läßt sich in modifizierter Form auf die musikalische Wirkungsanalyse übertragen und leistet hier wichtige Dienste für die Erkenntnis antriebsfördernder Strukturen. Die Anwendung des »Gesetzes der wachsenden Glieder« führt beim Hörer und Patienten zu einer psychischen Befreiung, Öffnung und Stimmungsaufhellung.

Wie beim 1. Satz des 1. Brandenburgischen Konzertes bildet dieses lebendige Wechselspiel der Concertino-Gruppen einen wichtigen therapeutischen Wirkungsfaktor, der vegetative Impulse, z.B. bei Schlaganfallpatienten mit motorischen Ausfällen, auslösen kann.

Hinweisen möchte ich auf das Violinkonzert Nr. 1 in a-Moll von Bach. Das mit dem auftaktigen Quartsprung beginnende Thema des 1. Satzes hat ebenfalls stark bewegungsauslösende Wirkung.
In Bachs Violinkonzert in E-Dur wirkt das Hauptmotiv des 1. Satzes mit dem aufsteigenden Dreiklang, der anschließend umspielt, mit einem Durchgangston zwischen Terz und Quinte versehen und zur oberen Oktave erweitert wird. Der Rhythmus dieser Umspielung und rhythmischen Weiterentwicklung hat eine besonders appellative, verhaltensauslösende Wirkung, wie sich immer wieder zeigt.
Das bekannte, am meisten gespielte Klavierkonzert von Bach in d-Moll beginnt im 1. Satz (Allegro) mit einem Streicher-Unisono (Einklang), das besonders auf depressive Patienten eine motivierende, stimmungsaufhellende therapeutische Wirkung ausübt, bedingt durch den tiefgründig tragischen Charakter, der sich mit antriebsfördernden rhythmischen Impulsen (Synkopen, motorischen Rhythmen) und einer großangelegten, weitgeschwungenen, spannungsvollen motivischen Entwicklung in Takt 2 bis 6 (mit den synkopisch betonten exponierten Tönen b, cis und e) verbindet.

Beispiel 06 Johann Sebastian Bach: Das Wohltemperierte Klavier Teil 1
Fuge Nr. 2 in c-Moll; BWV 847
Stephan Seebass, Klavier

Das Fugenthema trägt tänzerischen Charakter und gewinnt durch den anapästischen Rhythmus antriebsfördernde Wirkung. Es hat rhythmisch starke Ähnlichkeit mit dem Hauptthema des 1. Satzes des 3. Brandenburgischen Konzertes von Bach.

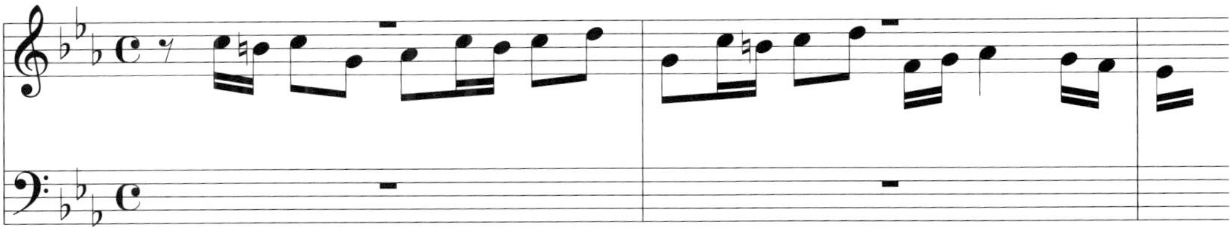

Hinzu tritt als Ordnungsprinzip, von dem eine harmonisierende, psychisch stabilisierende Wirkung ausgeht, die Sekundfolge der betonten Töne as - g - f - es. Eine solche Folge erklärte Paul Hindemith mit dem »Sekundganggesetz«: Dies sei charakteristisch für Bachsche Kompositionen. Diese »innere Logik« der betonten Töne verleiht einer Melodie(linie) nicht nur Geschlossenheit und »organische« Struktur, sondern vermittelt dem Hörer und Patienten den Eindruck des Geordneten, Vorhersehbaren und Vertrauten und damit Sicherheit und Stabilität.
In der besonders durchsichtigen Wiedergabe des Werkes wird die großartige architektonische Struktur der Fuge mit ihrem kunstvollen thematisch-motivischen Bau deutlich nachvollziehbar. Die Leichtigkeit der Interpretation wirkt sich außerdem positiv auf die Stimmungslage des Hörers oder Patienten aus.
(Auf die antriebsfördernde Bedeutung des Fugenmotivs, nach welchem das Thema nacheinander in verschiedenen Stimmen auftritt (»Beantwortung«), habe ich bei der Analyse der ersten Musikbeispiele bereits hingewiesen. Auch hier wird dies wiederum deutlich.)

Als weiteres Beispiel mit vielfältiger therapeutischer Funktion nenne ich in diesem Zusammenhang noch das C-Dur-Präludium aus dem 1. Band des Wohltemperierten Klaviers von Bach: Sowohl von der Originalfassung als noch mehr von der »Play Bach«-Version von Jacques Loussier geht - je nach musikalischer Biographie des Hörers oder Patienten - eine motivierende Wirkung aus.
Die musikalische Anamnese sollte auch darüber entscheiden, ob die Originalfassung in einer Klavier- oder Cembalo-Interpretation gewählt wird.
Gerade dieses berühmte C-Dur-Präludium kann in der Therapie eine wichtige Rolle spielen, denn es strahlt Ruhe, Gewißheit und tröstende Geborgenheit mit fast sakralen Assoziationen aus. Diese Assoziationen werden bei einer spezifischen Hörerschicht insbesondere durch die spätere Hinzufügung der sanglichen Melodie »Ave Maria« von Charles Gounod bewirkt.

Beispiel 07 Johann Sebastian Bach: Das Wohltemperierte Klavier Teil 1
Präludium Nr. 3 in Cis-Dur, BWV 848
Walter Gieseking, Klavier
(DG 429929-2)

Von diesem Präludium geht insbesondere in der vorliegenden lebendigen und erregenden Interpretation eine stark antriebsfördernde Wirkung aus.
Die besondere therapeutische Bedeutung dieses Präludiums liegt darin, daß die starken antriebsfördernden Impulse verbunden sind mit harmonisierenden, psychisch ausgleichenden Tendenzen:
- durch die »Helligkeit« der Tonart Cis-Dur,
- durch den schwingenden Dreiertakt,
- durch die kreisende Melodik,
- durch die Gestaltung der virtuosen Spielfiguren nach dem »Sekundganggesetz«: Die betonten Töne folgen im Sekundabstand aufeinander und verleihen dadurch spielerischen Passagen eine »innere Logik« und Ruhe, die Vertrautheit und Geborgenheit ausstrahlt.

Je nach musikalischer Biographie, Erfahrung und Präferenz des Hörers oder Patienten kann auch eine Cembalo-Interpretation gewählt werden.

Therapeutisch besonders interessant ist auch die Fuge in Cis-Dur, die auf das Präludium folgt. Das Thema dieser Fuge entfaltet seine intensive Wirkung u.a. durch:

- den antriebsfördernden auftaktigen Rhythmus,
- die eingängige ausdrucksstarke Melodik, die auf dem exponierten Sextsprung zu Beginn des Themas (von der umspielten melodischen 5. Stufe zur 3. Stufe) beruht, wodurch die 3. Stufe (Terz) als »Gefühlsträger« betont wird,
- die Folge dreier weiterer Sextspünge im Sekundabstand (Sekundganggesetz),
- die verborgene (latente) Mehrstimmigkeit: Sie entsteht durch die metrisch-rhythmisch betonten Töne, die die obere »Stimme« bilden: eis - dis - cis - his - cis,
- die »Helligkeit« und Leuchtkraft der Tonart Cis-Dur (wie im Präludium).

Therapeutische Funktion gewinnt auch die Fuge Nr. 21 in B-Dur desselben Bandes. Das Thema wirkt verhaltensauslösend, motivierend und psychisch stabilisierend durch:

- die vier Sextsprünge (b-d, c-a, c-es, d-b), die abwechselnd nach unten oder oben gerichtet sind,
- den kraftvollen Quartsprung im 1. Takt,
- die angedeutete sekundgängige latente Mehrstimmigkeit,
- die ausgeprägte rhythmisch-melodische Kraft der beiden beibehaltenen Gegensätze (Kontrapunkte): des ersten weitgeschwungenen, durch Punktierung und Synkope charakterisierten (Takt 5/6 Oberstimme) des zweiten kurzen Kontrapunktes (Takt 9/10 Oberstimme).

Übrigens ist diese Fuge (nicht nur durch diese beiden beibehaltenen Kontrapunkte) ein Wunderwerk kunstvoller musikalischer Architektur. Auch dies wirkt sich unbewußt harmonisierend und kathartisch (»reinigend«) auf den Hörer und Patienten aus.

Gerade bei den Bachschen Werken zeigt sich immer wieder das Zusammenfallen von ästhetischen und therapeutischen Qualitäten. Deshalb eignen sie sich besonders gut für die Behandlung musikalisch sensibler Hörer und Patienten, die einen Sinn für die Musik von Bach haben.
Auf die besondere Bedeutung einer meditativen Versenkung in diese kunstvolle Musik gehe ich im 2. Kapitel »Entspannung und Meditation« (CD 2) ein.

Beispiel 08 Georg Friedrich Händel: »Halleluja« aus »Der Messias«
English Baroque Soloists
The Monteverdi Choir
Leitung: John Eliot Gardiner
(Philips 412267-2)

Von diesem berühmten Chor geht eine besondere antriebsfördernde Kraft aus. In England pflegt man bei seinem Erklingen aufzustehen.
Für viele Menschen, die Händels »Messias« im Konzertsaal oder in der Kirche hören, bedeutet dieses großartige Werk ein Schlüsselerlebnis, mit dem sich unvergeßliche positive Erinnerungen an besondere Ereignisse und Erfahrungen verknüpfen, oft verbunden mit dem tiefen Glauben an die christliche Botschaft.

Die antriebsfördernde Wirkung dieses Chorsatzes beruht u.a. auf:
- der Quarte als Eingangsintervall der Melodie (und als Motiv in den Pauken ab Takt 14, hier mit anapästischem Rhythmus),
- dem punktierten Rhythmus des Hauptmotivs,
- dem anapästischen (doppelt auftaktigen) Rhythmus des zweiten Motivs (Takt 6 mit Auftakt),
- der eindringlichen Tonwiederholung im Sopran an dieser Stelle (Takt 6 mit Auftakt),
- der spannungsvollen Pausen nach jedem »Halleluja«,
- der elementaren Harmonik, die auf dem ebenso einfachen wie eindringlichen Wechsel von Tonika und Subdominante beruht, wobei der Subdominante grundsätzlich eine besondere gefühls- und verhaltensauslösende Bedeutung zukommt (vgl. hierzu die Eigenart der »Kirchenkadenz« mit der Folge Subdominante-Tonika im Gegensatz zur »authentischen« Kadenz mit der Folge Dominante-Tonika),
- der rhythmisch eindringlichen Deklamation des Wortes »Halleluja«, verbunden mit einer rhythmischen Steigerung,
- klanglicher und harmonischer Steigerung der Wirkung bei der Wiederholung der ersten vier Takte (Takte 4 bis 7) ab Takt 8, unterstützt durch den Sextsprung.

Eine besondere Wirkung geht auch aus von dem Kontrast zwischen dem akkordischen und rhythmisch zerklüfteten, durch Pausen gegliederten Anfang und dem einstimmig (unisono) gestalteten, linear geführten Teil mit dem Text »Denn unser Gott regieret allmächtig« (Takt 12 bis 14). Die Allmacht Gottes wird durch den Oktavsprung und den punktierten synkopischen Rhythmus überzeugend zum Ausdruck gebracht.
Dieser Chorsatz geht für viele Patienten in der Tat »unter die Haut« und »in die Beine«. Er wirkt sowohl motorisch-vegetativ antriebsfördernd wie auch psychisch motivierend und aufbauend.

Beispiel 09 Wolfgang Amadeus Mozart: Sinfonie Nr. 40 in g-Moll KV 550, 1. Satz
London Symphony Orchestra
Leitung: Claudio Abbado
(DG 429801-2)

Das Hauptthema dieses Satzes ist ein Musterbeispiel für therapeutisch wirksame Melodik:

- ein antriebsspendender (»anapästischer«) Rhythmus, der sich wie ein roter Faden durch das ganze Thema zieht,
- ein halbtöniger Vorhalt von der 6. zur 5. Tonstufe, der wegen der expressiven melodischen Funktion der (kleinen) Sexte in der Molltonleiter besonders intensiv und emotional wirkt (»unter die Haut geht«) und dreimal wiederholt wird,
- ein Sextsprung zur 3. Tonstufe, die ähnlich intensiv emotional wirkt wie die 6. Stufe: Dieser Sextsprung ergibt sich »organisch« aus der eindringlichen Wiederholung des dreitönigen Motivs,
- die zweimalige Wiederholung des exponierten zweiten »anapästischen« Motivs als eindrucksvolle Sequenz (Motivwiederholung auf einer anderen Tonstufe mit stark verhaltensauslösender, expressiver Wirkung),
- die Weiterentwicklung der Melodie ab Takt 10 mit Auftakt nach dem Prinzip der »wachsenden Glieder«: Die formale Gliederung läuft so, daß auf die zweitaktige Phrase (Takt 10 und 11 mit Auftakt) eine fünftaktige Phrase folgt (Takt 12 mit Auftakt bis Takt 16). Diese melodische Erweiterung kann befreiend wirken,
- an diese melodische Entwicklung von Takt 10 bis 16 schließt sich eine motivische Evolution an, die nach dem gegenteiligen Prinzip erfolgt, das man in Analogie zum »Gesetz der wachsenden Glieder« »Gesetz der sich verkleinernden Glieder« nennen könnte. In Mozarts Musik ist es häufig anzutreffen, vor allem bei Schlußbildungen. Es bewirkt Steigerung, Bestätigung, Festigung und signalisiert Sicherheit und Stabilität.

Beide Prinzipien spielen nicht nur in der Sinfonie seit Haydn eine zentrale Rolle, sondern auch in der Antriebsförderung durch Musik. Das »anapästische« Eingangsmotiv des Hauptthemas wird nun (ab Takt 17 mit Auftakt) herausgelöst und im Forte mit pochender Eindringlichkeit (Tonwiederholung) herausgestellt, u.a. durch den Gegensatz zwischen den legato geführten, harmonisch gesetzten Oberstimmen in den Holzbläsern und den unisono »deklamierten« Streichern in tiefer Lage,

- die spezifische Instrumentation dieses Themas (Oktavparallelen der Streicher).

Gerade dieses Musikbeispiel eignet sich für die Behandlung depressiver Patienten: Durch die fast melancholische Grundstimmung dieses Satzes gelingt es oft, den Patienten in seiner depressiven Befindlichkeit »abzuholen« und ihn aus der Sackgasse herauszuführen. Dies geschieht u.a. dadurch, daß sich der Patient in den »Seufzern« der genannten halbtönigen Vorhalte und der »melancholischen Expressivität« des kleinen Sextsprunges wiederfindet, verstanden fühlt und zugleich durch den motivierenden, antriebsfördernden »anapästischen« Rhythmus behutsam aus der depressiven Situation herausgeleitet wird.
Das behutsame Herausführen aus der Depression geschieht auch durch die Modulation des Hauptthemas von g-Moll nach B-Dur von Takt 21 mit Auftakt bis Takt 27. An diese auch therapeutisch wichtige Entwicklung schließt sich ein Teil in strahlendem B-Dur in Forte an, dessen antriebsfördernde und stimmungsaufhellende Wirkung unterstützt wird durch das aufsteigende Dreiklangsmotiv (ab Takt 30), das im Staccato gespielt und wiederholt wird.
In dieser Wiederholung ist wiederum das Sekundganggesetz wirksam, das Sicherheit, Geborgenheit und damit psychische Stabilität und Trost vermittelt.
Für die Behandlung von Depressionen eignet sich im Anschluß an diesen 1. Satz der g-Moll-Sinfonie von Mozart auch der letzte Satz, das Finale.
Auch hier finden sich therapeutisch wirksame musikalische Strukturen, die expressive »melancholische« und aufheiternde Faktoren miteinander verbinden.
So zielt z.B. das aufsteigende Dreiklangsmotiv zu Beginn des Hauptthemas auf die Mollterz, die eine vorhaltige, »seufzende« Funktion gewinnt. Rhythmus, Tempo und Instrumentierung ebenso wie die kämpferische Weiterführung des Themas dagegen signalisieren eher eine trotzige, auflehnende Haltung, die passives Hinnehmen, Verharren in der Depression ablehnt und sich zur Bejahung des Lebens und zu einer heiteren Gelassenheit durchringt.

Beispiel 10 Wolfgang Amadeus Mozart: Sinfonie Nr. 40 in g-Moll KV 550, 4. Satz
London Symphony Orchestra
Leitung: Claudio Abbado
(DG 429801-2)

Das Hauptthema dieses lebendigen antriebsfördernden, aufheiternden, »humorvollen« Satzes besteht aus zwei äußerst gegensätzlichen Motiven: Das erste, leise Motiv zeigt einen aufsteigenden erweiterten Dreiklang mit der Mollterz als Spitzenton, der harmonisch in einen emotionsgeladenen »seufzenden« Vorhalt umgedeutet wird. Das zweite, laute Motiv umspielt den 5. Ton der Skala, pendelt zwischen Doppeldominante hin und her und weist einen »schüttelnden« und aufrüttelnden »anapästischen« Achtelrhythmus auf, der sich stark vom Rhythmus des ersten Motivs unterscheidet. Die gegensätzliche Struktur dieses Satzes zeigt sich auch in den Takten 17 (mit Auftakt) bis 20. In dem Pianoteil, der auf den Unisono-Forte-Entwurf folgt, wird der Sextvorhalt vor der Quinte durch einen Triller unterstrichen.

Vom 3. Satz (Menuetto) dieser Sinfonie gehen besonders starke antriebsfördernde Impulse aus, vor allem von den Synkopen und von der ungewöhnlichen, dynamischen formalen Gestaltung der ersten 14 Takte: 3 + 3 + 8 Taktgliederung: Das dreitaktige Thema (die Dreitaktigkeit ist schon ungewöhnlich und durchbricht die Norm der Viertaktigkeit!) mündet nach der Wiederholung (Sequenzierung im Terzabstand) in einen Melodieabschnitt, der durch die motivische Abspaltung des Achtelmotivs nach dem Gesetz der wachsenden Glieder zur Achttaktigkeit erweitert wird: Dieser formale Vorgang löst beim Hörer und Patienten eine ebenso befreiende, psychisch entkrampfende Wirkung aus wie die Synkope, die die ersten beiden 3/4-Takte des Themas zu einem imaginären 3/2-Takt zusammenführt (»Hemiole«). Hinzu tritt die kreisende, harmonisierende Wirkung des Dreiertaktes und des Menuett-Rhythmus.

Beispiel 11 Wolfgang Amadeus Mozart: Sinfonie Nr. 41 in C-Dur KV 551
»Jupiter-Sinfonie«, 1. Satz
London Symphony Orchestra
Leitung: Claudio Abbado
(DG 429801-2)

Theodor Kroyer nennt sie in seiner Ausgabe von 1930 »die größte, pompöseste, aber auch geistigste Symphonie Mozarts«, entstanden 1788, in einem »Mißjahr, das den Widerspruch zwischen äußerer und innerer Vitalität bei Mozart wieder ganz kraß aufzeigt: Verzweifelte Hilflosigkeit in den elementarsten Forderungen der Lebenshaltung - aber... In seinem Inneren allen Nöten und Verstimmungen zum Trotz, bleibt es licht, drängt es zum Ausgleich, sagt es ein zuversichtliches »Ja« und abermals »Ja« wider das harte »Nein« der finsteren Gewalten... Dieses Evangelium der Erlösung durch die Kunst predigt uns Mozart mit überzeugender Macht.« In dieser biographischen Deutung des Musikwissenschaftlers Kroyer mag ein Grund für die therapeutische Wirkung der Musik liegen.

Schon das Hauptthema des 1. Satzes ist therapeutisch sehr interessant:

- Es ist in sich stark gegensätzlich: Aus dem Kontrast des ersten und zweiten Thementeils ergeben sich wirksame antriebsfördernde Impulse:

Violine I

- Das Kopfmotiv, das den ersten Thementeil prägt, ist ein wichtiges Antriebselement durch
  1. den Rhythmus,
  2. aufsteigende Melodik (innerhalb der Quarte),
  3. seine Wiederholung, die eine zugleich anstoßend-dynamische wie stabilisierende Wirkung auslöst.
- Der zweite Thementeil ist, allein betrachtet, ebenfalls antriebsstark durch:
  1. den prägnanten auftaktigen Rhythmus (mit kurzem Achtelauftakt vor punktiertem Viertel),
  2. die vorhaltige expressive Melodik.
- Beide Thementeile unterscheiden sich nicht nur in der motivischen Struktur und Binnengliederung, sondern auch in der Tonlage, Satzstruktur, Instrumentation und Dynamik.

Der Anfang des Satzes wird durch das eben genannte kontrastierende Prinzip geprägt: Das Hauptthema ist in sich in höchstem Maße gegensätzlich, seine antriebsfördernde Wirkung beruht u.a. auf folgenden Komponenten:

- stark appellativer Rhythmus, charakterisiert durch die Pausen und Sechzehntel-Triolen.
- Betonung und Bekräftigung des Grundtones C durch den Quartcharakter der Melodie, wobei das Intervall der Quarte durch Zwischentöne ausgefüllt ist. Trotzdem bleibt der Sicherheit und Festigkeit vermittelnde Charakter der Quarte erhalten.

- Der zweite Teil des Hauptthemas, der sich vom ersten in vielerlei Hinsicht unterscheidet, ist durch einen Achtel-Auftakt und durch Punktierungen geprägt, die entsprechende Antriebsimpulse vermitteln.

  Die gegensätzliche Dynamik (1. Teil forte, 2. Teil piano) Tonlage (1. Teil tiefe Lage, 2. Teil höhere Lage) sowie Satzstruktur (1. Teil einstimmig/unisono, 2. Teil vierstimmig gesetzt) unterstützen die motivierende Wirkung.
- Besonders intensive Impulse gehen vom dritten Motiv (ab Takt 9) aus, das wiederum durch Punktierungen geprägt ist.

- Aus diesem Motiv entwickelt Mozart einen Teil, der sich zum Schluß hin verdichtet und steigert, ab Takt 15 durch Synkopen (Akkordschläge auf unbetonten Taktteilen).

- Auf dem Höhepunkt (Takt 17 ff.) dominiert wiederum die Quarte, mit der das hohe C (c''') angesprungen wird. Die antriebsfördernde Quarte erweitert sich zum ebenfalls motivierenden stabilisierenden Dreiklang.
- Die für Mozart charakteristischen Tonwiederholungen (jeder Dreiklangston erklingt zweimal) erweisen sich als besonders antriebsspendend.
- Dies gilt auch für die wiederum auftretenden Synkopen und für das akkordische Pendeln zwischen Dominante und Tonika, das schließlich in die offene Dominante mündet: Dieser ebenfalls für Mozart typische Vorgang jeweils am Ende von Sätzen oder Satzteilen löst beim Hörer oder Patienten eine befreiende Wirkung aus.
- Übrigens wird die motivierende, vegetative Impulse auslösende Wirkung der akkordischen Synkopen durch Achtelauftakte in den Streichern in Takt 19 und 20 unterstrichen.

Das Musikbeispiel enthält eine Fülle antriebsfördernder Strukturelemente, die im Zusammenwirken sich gegenseitig verstärken, so daß nicht nur ein ästhetisch ergreifender Eindruck entsteht, sondern ein ungewöhnliches Potential an Motivation und Antriebsförderung für die Therapie.
Dies gilt auch für die anderen Themen und Motive des 1. Satzes, z.B. das Seitenthema ab Takt 56, das in sich wiederum gegensätzlich ist und verschiedene antriebsfördernde Strukturelemente umfaßt (u.a. die aufsteigende Chromatik des 1. Motivs oder die verschiedenen Formen der Punktierung: Punktierte halbe, Viertel- und Achtelnoten) oder das besonders eingängige und antriebsfördernde Thema der »Schlußgruppe« (Takt 101 ff.), das u.a. durch Sextsprünge, Vorhalte, Vorschläge, Tonwiederholungen, Variantenbildung bei der Wiederholung von Motiven und Melodieabschnitten in seiner Wirkung geprägt ist. Mit diesem ästhetisch wie therapeutisch bemerkenswerten Thema beginnt Mozart auch die Durchführung (Takt 123 ff.).

Das Hauptthema des 2. Satzes (Andante cantabile) entfaltet seine besondere Wirkung durch die rhythmische und melodische Steigerung: Auf die Punktierung mit anschließenden 32tel Noten, auf den exponierten Sextsprung im 1. Takt folgt bei der Wiederholung des zweitaktigen Motivs ein exponierter Septsprung im 3. Takt. Die antriebsfördernde Wirkung wird durch die lauten, vom ganzen Orchester (tutti) jeweils auf unbetontem Taktteil gespielten Akkordschläge verstärkt, die in die piano, con sordino (mit Dämpfer) und legato von den 1. Violinen gespielte Kantilene »hineinplatzen«. Die entspannende, harmonisierende Wirkung entsteht u.a. durch den zarten, einschmeichelnden Streicherklang und das »Sekundganggesetz« (Folge der betonten Töne im Sekundabstand).

Auch im berühmten Schlußsatz mit der Fuge fallen ästhetische und therapeutische Wirkung auf ideale Weise zusammen, z.B. in der kontrastierenden Struktur des Hauptthemas (dessen 1. Motiv choralartig gestaltet ist).

Beispiel 12 Wolfgang Amadeus Mozart: Klavierkonzert Nr. 23, A-Dur KV 488, 1. Satz
Alfred Brendel, Klavier
Academy of St. Martin in the Fields
Leitung: Sir Neville Marriner
(Philips 420487-2)

Dieses Konzert erfreut sich besonderer Beliebtheit. Starke antriebsfördernde und motivierende Wirkung geht vom Klaviereinsatz im 1. Satz (Hauptthema) aus. Dieses Hauptthema zeigt wiederum einen Kontrast zwischen dem ruhigen, sanglichen und getragenen ersten Teil und dem lebendigen, spielerischen virtuosen zweiten Teil. Es vermittelt Trost und Innigkeit, wie Hörer und Patienten immer wieder betonen.
Dies gilt in noch stärkerem Maße für das zweite Thema, das ab Takt 99 mit Auftakt im Klavier erklingt und dann ab Takt 107 mit Auftakt vom Orchester aufgegriffen wird: Hier ist das wichtigste Wirkungselement der Vorhalt, der mit einem punktierten Rhythmus verbunden ist. In diesem Falle handelt es sich um die 6. Tonstufe als Vorhalt zur Quinte (zuerst zur Quinte des Tonika-Akkordes und dann zur Quinte des Dominant-Akkordes).
Die doppelte Wirkung dieser Vorhalte beruht darauf, daß der 6. und 3. Tonstufe ohnehin eine starke emotionale Wirkung innewohnt, die durch die Vorhaltigkeit noch verstärkt wird.
Gerade Mozarts Werk bietet eine wahre Fundgrube für therapeutisch wirksame Musik, die nicht nur der vordergründigen Antriebsförderung durch Auslösung vegetativer Impulse dient, sondern darüber hinaus der Verbesserung der seelischen Lage durch »Abholung« des melancholischen, teils sogar depressiven Patienten.
Mozarts Musik ist Musik, »die den Tod ahnt und das Leben rühmt« (Albrecht Goes). Eben jener Schatten des Abgründigen, der über vielen Werken Mozarts schwebt und sich unter der spielerisch-heiteren »Oberfläche« virtuoser Figuren, Passagen, Tonleitern, Dreiklangsbrechungen und sonstiger rokokohafter Ornamente verbirgt, trifft oft ins Zentrum der gedrückten Stimmung und belasteten Befindlichkeit. Der leidende Hörer fühlt sich verstanden und öffnet sich für die Botschaft dieser genialen Musik, die ihn dann, wenn er sich ihr ganz hingibt und von ihr »tragen« läßt, aus der Sackgasse der Depression herausführt, ihn durch ihre »Harmonie« und

»apollinische« Klarheit läutert, ihn im Sinne der »Katharsis« von den »Schlacken« und »Giften« der psychischen Krankheit befreit und damit heilt.

Diese Zusammenhänge hatte ich insbesondere anhand der g-Moll-Sinfonie Nr. 40 von Mozart (Beispiel 09) bereits erläutert. Als weiteres Beispiel mag die bekannte Klaviersonate a-Moll, KV 310, dienen. Hier ist es der absteigende Molldreiklang, von dem gerade für depressive Patienten eine starke antriebsfördernde Wirkung ausgeht.
Sie beruht u.a. auf der punktierten, rhythmisch pointierten Tonwiederholung des Spitzentones (der Quinte) dieses Molldreiklanges und auf der Umdeutung des Grundtones des Dreiklanges (a) zum Vorhalt vor der Dominant-Terz (gis). Gerade von diesem Vorhalt geht eine starke appellative, psychische und somatische Wirkung aus, wie auch von der »clusterartigen« Struktur des Begleitakkordes im zweiten Takt.
Bei der Wiederholung des Motivs wird seine Wirkung durch die ornamentale Umspielung melodisch und rhythmisch intensiviert und gesteigert.
Auch der Anfang des 1. Satzes der Klaviersonate G-Dur, KV 283, bietet eine gutes Beispiel für antriebsfördernde Strukturen. Das gilt für das erste punktierte Motiv, das einmal auf höherer Tonstufe wiederholt wird, ebenso wie für das zweite Motiv: Wichtiges Wirkungselement dieses Motivs ist der »abgebogene Leitton« (fis), der als Vorhalt vor der Subdominante fungiert, dynamisch hervorgehoben wird (fp) und mit einem punktierten Rhythmus verbunden ist.

Für die harmonisierend wirkende »Organik« dieses Melodieabschnittes (Takt 5-7) spricht außer dem Sekundganggesetz die Tatsache, daß der sensible »abgebogene Leitton« auf unbetontem Taktteil eingeführt wird.
(Ebenso verhält es sich im zweiten Teil der deutschen Nationalhymne von Joseph Haydn: Hier fungiert der auf unbetontem Taktteil eingeführte abgebogene Leitton ebenfalls als Vorhalt vor der »emotionalen« Subdominante (bei dem Text »Deutschland, Deutschland über alles«) und gewinnt besondere gefühlsauslösende Wirkung, auf der die ungewöhnliche Popularität dieser alten Melodie beruht.)
Schließlich möchte ich auf den Türkischen Marsch (»Alla turca«) der Sonate A-Dur, KV 331, von Mozart hinweisen: Dieser Satz gehört zu den bekanntesten klassischen Kompositionen. Seine antriebsfördernde Wirkung beruht auf dem Marschrhythmus, dem türkischen Kolorit und der spielerischen Melodik. Der besondere motivierende Reiz des Themas geht auf seine spezifische motivische Struktur zurück: Das Motiv wird einmal eine Terz höher wiederholt (»sequenziert«) und dann weiter entwickelt im Sinne des »Gesetzes der wachsenden Glieder« (s.o. Beispiel 05): 1 + 1 + 2 Takte mit einer rhythmischen Steigerung.
Die anschließende motivisch-thematische Entwicklung basiert auf einem anapästischen (doppelauftaktigen) Rhythmus mit starker Antriebsqualität.

Beispiel 13 Ludwig van Beethoven: Sinfonie Nr. 5 c-Moll op. 67, 1. Satz
Symphonieorchester des Bayerischen Rundfunks
Leitung: Eugen Jochum
(DG 427195-2)

Der Beginn des 1. Satzes mit dem berühmten »Klopfmotiv« besitzt alle denkbaren antriebsfördernden Wirkungsqualitäten. Diese beruhen u.a. auf:

- der Auftaktigkeit des Motivs,
- der Wiederholung des Anfangstones,
- der elementaren melodischen Wirkung der fallenden Terz (»Kuckucksruf«),
- der eindringlichen Fermate auf dem Schlußton des Anfangsmotivs,
- der »sequenzierenden« Wiederholung dieses Motivs einen Ton tiefer,
- dem Gegensatz zwischen dem Unisono-Vortrag des Motivs in den ersten 4 Takten im Fortissimo und dem schnelleren, bewegteren, »leichteren« Auftreten dieses Motivs nacheinander in der 2. Violine, Viola, 1. Violine (nach dem von Haydn entwickelten Prinzip der »durchbrochenen« Arbeit),
- der Steigerung und Verdichtung der motivischen Arbeit bis Takt 21 (Ende des Musikbeispiels).

Die 5. Sinfonie wirkt insbesondere auf jene Patienten antriebsfördernd, für die dieses Werk mit intensiven Erlebnissen und Erinnerungen verknüpft ist.

Es gilt auch hier, was ich im Zusammenhang mit den Beispielen 09 und 10 sagte: Das Werk gewinnt nicht nur für Patienten der neurologischen Rehabilitation Bedeutung, sondern auch für Depressive, die sich in diesem Werk wiederfinden, von dem Beethoven gesagt haben soll: »So pocht das Schicksal an die Pforte«. Mit dieser Botschaft identifizieren sich sowohl Schlaganfallpatienten als auch depressive Patienten, für die ihre Krankheit einen schweren Schicksalsschlag bedeutet. Dies läßt sich auch auf andere Krankheiten übertragen. Entscheidend ist dabei, daß Beethoven im Verlaufe dieses Werkes durch sinfonische Entwicklung aus der verzweifelten Situation herausführt und das Schicksal besiegt: Die Entwicklung vom 1. bis zum letzten Satz (in strahlendem C-Dur) kennzeichnet musikalisch diesen Weg, der seine therapeutische Analogie finden kann, wenn das Werk sinnvoll in die Behandlung einbezogen wird.

Beipiel 14 Ludwig van Beethoven: Sinfonie Nr. 5 c-Moll op. 67, 4. Satz
Symphonieorchester des Bayerischen Rundfunks
Leitung: Eugen Jochum
(DG 427195-2)

Die mit dem 1. Satz dieser Sinfonie begonnene Therapie läßt sich wunderbar im letzten Satz fortsetzen: Er zeigt das Ziel jener Entwicklung, die Beethoven mit »per aspera ad astra« beschrieben hat, sinngemäß: durch Nacht zum Licht.

Eben diese Entwicklung von der Dunkelheit tiefer Depression zur Helligkeit einer Lebensperspektive, eines motivierenden Optimismus sollte auch für den Behandlungsverlauf in der Therapie eine Art Richtschnur sein. Daß diese Entwicklung Kraft, Energie und Zähigkeit erfordert, läß sich in gewisser Weise aus dem Verlauf der motivischen Arbeit ableiten. Auch hier wird die Analogie zwischen Ästhetik (musikalischer Struktur) und Therapie (Behandlungsverlauf) wieder einmal deutlich: Im hörenden und erlebenden Nachvollzug der sinfonischen Entwicklung gewinnt der Patient die psychische Kraft und Motivation zur Genesung. Die antriebsfördernde, motivierende, stimmungsaufhellende und gefühlsstabilisierende Wirkung des letzten Satzes beruht auf:

- dem sieghaften Charakter des Hauptthemas mit aufsteigendem Dreiklang, punkiertem Rhythmus und einer bis zur Oktave aufsteigenden sekundgängigen Melodielinie, die den Sekundgang der Punktierungen in gesteigerter Bewegung und immer kürzeren Abständen fortsetzt:
- dem wiederholt auftretenden aufsteigenden Quartintervall in den Pauken,
- der strahlenden Instrumentation mit Pauken und Trompeten, Holzbläsern und geteilten Streichern,

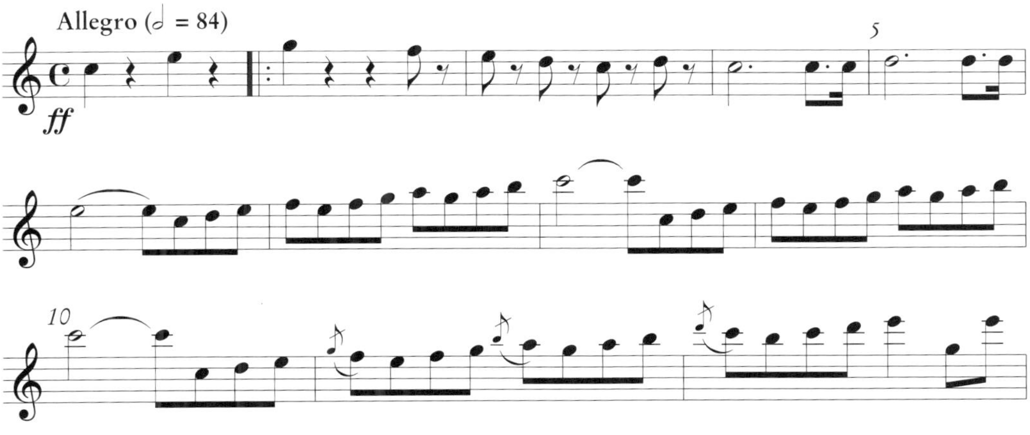

- der geradezu atemberaubenden Steigerung von Takt 211 (Takt 5 dieses Satzes) an. Diese Entwicklung gipfelt in Takt 219 mit Auftakt in einem Motiv, das durch punktierten Doppelauftakt, Vorhalt und Sextsprung sowie Sequenzierung dieses kurzen viertaktigen Motivs nach dem Sekundganggesetz gekennzeichnet ist.

Eine komprimiertere Ballung antriebsfördernder melodischer, rhythmischer, harmonischer, formaler und instrumentatorischer Wirkungselemente läßt sich kaum vorstellen. Hierauf beruht der oft beobachtete verhaltensauslösende, vegetative Impulse vermittelnde Erfolg der Sätze.

Beispiel 15 Ludwig van Beethoven: Sinfonie Nr. 7 A-Dur op. 42, 1. Satz
Wiener Philharmoniker
Leitung: Karl Böhm
(DG 429509-2)

Dieses Werk wurde mit Recht als »Apotheose des Tanzes« bezeichnet: In der Tat wimmelt es hier von Tanzelementen mit starkem Aufforderungscharakter; man denke z.B. an die wiederholte Punktierung sowohl zu Beginn des Vivace-Teiles mit dem 6/8-Takt (ab Takt 64) als auch im Hauptthema (ab Takt 67).

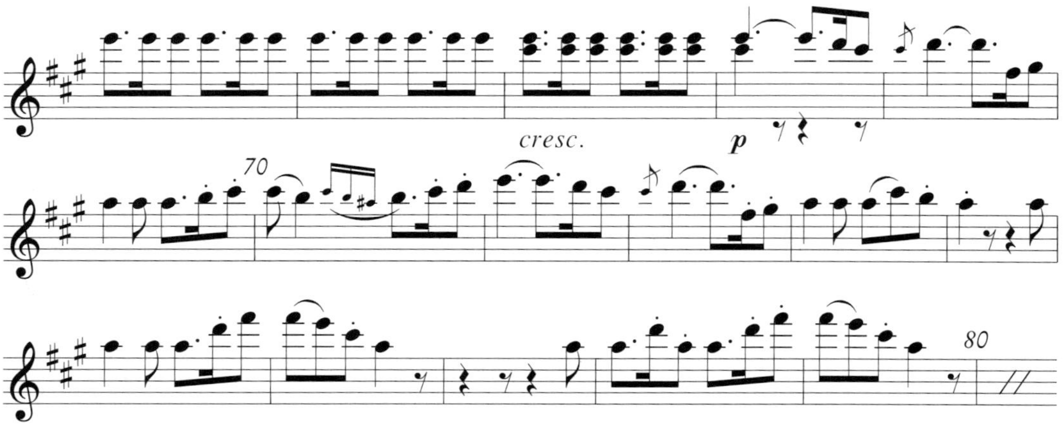

Hervorzuheben sind folgende Wirkungselemente:

- die Dehnung des ersten Tones des Hauptthemas (e), der 4 1/2 Zählpunkte des 6/8-Taktes umfaßt (Verbindung von punktierter Viertel- und Achtelnote): Auf diesen gedehnten ersten Ton folgt als zweiter ein Sechzehntel (1/2 Zählzeit). Aus diesem Verhältnis von 9 : 1 bezüglich der Tondauer ergibt sich eine ungewöhnliche rhythmische Melodiegestaltung, die nicht nur sehr schwer zu interpretieren ist, sondern eine unglaubliche vegetativ-motorische Schubkraft auslöst,
- der Vorschlag vor dem ersten Ton im 2. Takt des Hauptthemas,
- die lebendige Phrasierung und Artikulation des Hauptthemas,
- der große, weitatmige Melodiebogen, der dadurch entsteht, daß die Melodie zunächst nach unten sequenziert und dann wieder nach oben weitergeführt wird,
- der Sextsprung in Takt 2 des Hauptthemas,
- die gefühlsbetonte subdominante Gestaltung des Kopfmotivs in Takt 9 und 12 (bzw. Takt 75 und 78 der Partitur): Ich erinnere daran, daß die Subdominante eine besondere gefühlsauslösende und antriebsfördernde Funktion besitzt,
- die Steigerung durch Einfügung der Quarte bei der Wiederholung des eben genannten Motivs in Takt 12 (bzw. 78),
- die Entwicklung der motivischen Arbeit bis hin zur fulminanten Steigerung bis Takt 87, an die sich die Wiederholung des Hauptthemas im Fortissimo anschließt, eingeleitet durch einen »hinreißenden« verhaltensauslösenden Streicheraufschwung (aufsteigende Streicherpassage über eine Oktave).

Beispiel 16 Ludwig van Beethoven: Sinfonie Nr. 9 d-Moll op. 125, 4. Satz
Wiener Philharmoniker
Leitung: Karl Böhm
(DG 427196-2)

Die 9. Sinfonie von Beethoven mit der Vertonung der »Ode an die Freude« von Friedrich von Schiller gehört für viele Musikfreunde zum Gipfel des klassisch-romantischen sinfonischen Schaffens überhaupt. Deshalb wird dieses Werk immer wieder bei feierlichen Anlässen, z.B. am Silvestertage, gespielt. Es erklang auch bei der Vereinigung Deutschlands. Die Vertonung dieses Textes (»Freude, schöner Götterfunken«) durch Beethoven gehört weltweit zu den bekanntesten Melodien und ist sogar in Schlagerversionen verbreitet.
Die Melodie verbindet Schlichtheit mit Erhabenheit und Größe. Sie besteht im wesentlichen aus 5 Tönen, die sich zwischen dem Grundton und der Quinte der Dur-Tonleiter bewegen; deshalb ist sie leicht singbar und nachvollziehbar.
Darauf beruht nicht nur ihre ästhetische Bedeutung, sondern auch ihre antriebsfördernde und motivierende Funktion in der Therapie.
Der schreitende, motorische Rhythmus der Melodie mündet am Schluß in eine Punktierung, die mit einem ausdrucksvollen melodischen Vorhalt zusammenfällt.
Die Dreiteiligkeit der Melodie dient der therapeutischen Funktion, weil nach dem kürzeren Zwischenteil (B-Teil) der Melodie die Wiederkehr des ersten Teils folgt, die eine Art Vertrautheitseffekt oder »Wiedersehensfreude« auslöst: Zwei therapeutisch wichtige Wirkungsfaktoren. Die Wiederholung des Melodieteiles (A-Teil) beginnt mit einer Synkope (Vorverlagerung des ersten Tones von der ersten Zählzeit auf die letzte Zählzeit des vorhergehenden Taktes). Gerade diese Synkope hat modellhaften Charakter, was ihre antriebsauslösende, vegetative Impulse hervorrufende Wirkung angeht.
In dem Ausschnitt unseres Musikbeispiels singen zunächst die Solisten; anschließend setzt dann zum Ende des Beispiels der Chor ein: Auch dies bewirkt eine motivierende Steigerung und einen »Eingemeindungseffekt«. Der Hörer fühlt sich in die Gemeinschaft der Singenden einbezogen, stimmt im Geist mit ein in die textliche und musikalische Botschaft.
In der gesamten 9. Sinfonie gibt es viele antriebsfördernde Elemente, auf die ich hier nicht im einzelnen hinweisen kann, die aber aufgrund der vorhergehenden detaillierteren Analysen anderer Werke leicht aufzufinden sind.
Gerade bei Beethoven spielt die ethische Funktion und moralische Botschaft der Musik eine zentrale Rolle. Deshalb fallen ästhetische und therapeutische Bedeutung in seinen Werken besonders oft zusammen. Daraus ergibt sich auch die Tatsache, daß Beethoven zu einer Leitfigur wurde, die mit ihrem Werk nicht nur das Musikleben des 19. Jahrhunderts prägte, sondern auf die Gesellschaft insgesamt einwirkte (13).
Je stärker sich in einem Werk gesellschaftliches und individuelles Handeln kristallisieren, desto größer ist seine verhaltensauslösende, antriebsspendende Wirkung, die therapeutisch genutzt werden kann.

Die vielen anderen Werke Beethovens, die für die Antriebsförderung und Motivation geeignet sind, kann ich hier zwar nicht anführen, aber hinweisen möchte ich auf das Violinkonzert in D-Dur, z.B. den Anfang des 3. Satzes. Das Hauptthema dieses berühmten Konzertes muß als Prototyp einer antriebsfördernden Struktur angesehen werden. Von dem auftaktigen tänzerischen Rhythmus, der kraftspendenden Quarte und dem aufsteigenden Dreiklang des Eingangsmotivs geht eine intensive motivierende Wirkung aus, unterstützt durch die »dynamische« Anlage des Themas nach dem »Gesetz der wachsenden Glieder«: Auf die Wiederholung des eintaktigen Eingangsmotivs folgt ein zweitaktiges (d.h. doppelt so langes) zweites Motiv; auf diese Weise entsteht folgende motivische Binnengliederung des Themas: 1 + 1 + 2.

Bei der Wiederholung des Themas entwickelt Beethoven aus dem zweiten Motiv nahtlos ein drittes, das dann eine Eigendynamik entfaltet: Die viertaktige periodische Gliederung wird durchbrochen: Dies wirkt bewegungserweiternd, öffnend und auch seelisch befreiend.
Die Wirkung des Violinkonzertes von Beethoven entfaltet sich in der Therapie am besten beim Hören der Originalfassung für Violine und Orchester. Sie ist aber auch deutlich spürbar beim Vortrag auf dem Klavier: Der Vorzug des Klavierspielens liegt darin, daß Tempo, Lautstärke und Phrasierung genau auf das Verhalten des Patienten abgestimmt werden können.
Der Therapeut muß also im Einzelfall entscheiden, ob er dem modifizierten Klaviervortrag oder dem Hören der Originalfassung vom Tonträger den Vorzug gibt. Zu bedenken ist dabei, daß eine Reihe von Patienten die Violine aufgrund eigener lebensgeschichtlicher Erfahrung als besonders antriebsfördernd und motivierend empfinden. Allerdings kann im Einzelfall auch das Gegenteil der Fall sein, etwa dort, wo der Patient von seinen Eltern gegen seinen Willen gezwungen wurde, dieses Instrument zu erlernen: Auf diese Weise kann sich eine Abneigung gegen die Geige entwickelt haben, die oft ein Leben lang anhält.
Hier zeigt sich wieder einmal, wie wichtig die musikalische Anamnese für die gezielte Einzelmusiktherapie ist: Dasselbe Musikbeispiel kann bei verschiedenen Patienten absolut gegensätzliche Wirkungen auslösen. Darauf kann nicht deutlich genug hingewiesen werden.
Im Grunde verhält es sich wie bei Pharmaka: Einzelne Patienten zeigen allergische Reaktionen auf bestimmte Medikamente. Dies muß der Arzt bei der Auswahl genau berücksichtigen.
Insofern erfüllen meine Kommentare zu den Musikbeispielen in gewisser Weise auch die Funktion von »Beipackzetteln«, in denen auf mögliche »Kontra-Indikationen« hingewiesen wird.
An dieser Stelle möchte ich auch grundsätzlich darauf hinweisen, daß agogische Temposchwankungen oft eine besondere therapeutische Wirkung zeigen. Es kommt in der Regel nicht darauf an, metronomisch exakt ablaufende motorische Rhythmen zu verwenden.
Zwar sollen die musikalischen Ereignisse einen pulsierenden, oft herzschlagähnlichen rhythmischen Ablauf zeigen, dieser soll aber in der Regel nicht metronomisch-mechanisch genau ablaufen, denn der (lebendige) Herzschlag variiert in der Frequenz ebenfalls.
Auch deshalb muß dem lebendigen Vortrag am Klavier grundsätzlich der Vorzug vor dem Abspielen von Tonträgern gegeben werden, sofern dieses aufgrund der klinischen Situation und der entsprechenden Vorbildung des Therapeuten möglich ist und die Anamnese es geraten erscheinen läßt.
Ansonsten möge man auf die Beispiele zurückgreifen, die auf dieser CD-Kassette enthalten sind. Daß sie nur als exemplarische Anregungen gedacht sind, möchte ich erneut betonen. Schon die Kürze der Beispiele deutet auf diesen Charakter der Auswahl hin. Der Sinn liegt eben darin, beispielhafte Anregungen und generelle »pharmakologische« Erkenntnisse für die Theorie und Praxis einer musiktherapeutischen Wirkungslehre zu vermitteln, aufgrund dieser der Therapeut sich die für den einzelnen Patienten geeigneten Musikbeispiele selber auswählen kann.

Beispiel 17 Mauro Giuliani: Scherzo für Flöte und Gitarre
Walter Stoiber, Flöte
Winfried Stegmann, Gitarre

Dieses Beispiel des relativ unbekannten Komponisten löst durch ungewöhnliche Häufung von Tonwiederholungen eine besonders antriebsfördernde Wirkung aus: Das fis tritt neunmal auf. Als Terz (der Tonika) hat es besondere gefühlsauslösende Bedeutung. Die Tonwiederholung wird in ihrer Wirkung durch das Crescendo (ansteigende, anschwellende Lautstärke) und Accelerando (Temposteigerung) verstärkt.
Bei der Wiederholung dieses Motivs intensiviert der Komponist die Wirkung durch die chromatischen Vorschläge (verkürzte Vorhalte) und durch die Verbindung von dynamischer Steigerung (crescendo) und Verlangsamung des Tempos (allargando).
Einen besonderen Reiz übt die Besetzung mit Flöte und Gitarre auf viele Hörer und Patienten aus: Beide Instrumente erfreuen sich besonderer Beliebtheit und sind für viele mit positiven, motivierenden Assoziationen verknüpft. Allerdings gilt auch hier das, was ich im Zusammenhang mit der Violine oben erwähnt habe: Im Ausnahmefall können selbst diese populären Instrumente lebensgeschichtlich negativ besetzt sein.
Das Anziehen des Tempos (accelerando) ist therapeutisch ebenso wirkungsvoll wie die Verlangsamung: Da beide in diesem Beispiel enthalten sind, gewinnt es eine besondere therapeutische Bedeutung.

Beispiel 18 Frédéric Chopin: Mazurka F-Dur op. 68 Nr. 3
Stephan Seebass, Klavier

Die Mazurken von Chopin gehören nicht nur zu den reizvollsten Klavierkompositionen der Romantik, sondern sind wegen ihres stilisierten Tanzcharakters besonders wichtig für die Bewegungstherapie.
In diesem Beispiel vereinigen sich eine Reihe therapeutischer Wirkungselemente:
- Die Punktierung zieht sich durch die ganze Komposition: Sie ist ein wichtiges rhythmisches Grundelement der Mazurka, eines polnischen Tanzes.
- Das Anfangsmotiv wird zweimal auf anderen Tonstufen wiederholt: Auf die ordnende, Geborgenheit vermittelnde, psychisch stabilisierende Wirkung solcher Sequenzen habe ich bereits hingewiesen.
- Das »Gesetz der wachsenden Glieder« ist hier deutlich in der Taktgliederung 2 + 2 + 4. Dadurch entsteht eine Erweiterung, Öffnung und Befreiung, die therapeutisch bedeutsam ist.
- Der Hauch von Wehmut, der durch fast alle Kompositionen von Chopin weht, hat eine besondere therapeutische Bedeutung. Der depressive Patient erkennt sich in seiner Befindlichkeit, in seiner »gedrückten« Stimmung wieder: Nach dem »Iso-Prinzip« der Musiktherapie hilft ihm dies mehr als etwa die kontrastierende Fröhlichkeit einer heiteren Musik, die ihn nicht aufheitert, sondern noch mehr in seine Depression zurückwirft, ihn ausgrenzt.

– Wichtig für die unverwechselbare Wirkung der Mazurka ist die Betonung der Subdominante (u.a. in Takt 5 und 6 sowie Takt 12 und 13). Auf die gefühlsauslösende Wirkung der Subdominante habe ich oben wiederholt hingewiesen.

Beispiel 19 Franz Schubert: Militärmarsch Nr. 1 D-Dur op. 51
Cord Garben und Stephan Seebass, Klavier

Schuberts Militärmärsche gehören zu jener Literatur, die vielen Menschen »unter die Haut« und »in die Beine« geht. Ihre antriebsfördernden Impulse können gar nicht hoch genug eingeschätzt werden: Dies zeigt sich immer wieder auch in der Therapie, z.B. von Schlaganfallpatienten mit motorischen Ausfällen.
Als besonders geeignet erweist sich der Militärmarsch Nr. 1. Zu seinen antriebsfördernden Strukturen gehören u.a.:

– der typische Marschrhythmus, wie in Melodie und Begleitung (ab Takt 7) deutlich wird,
– das auffordernde, impulsive sechstaktige Vorspiel mit dem wiederholten kraftspendenden Quartsprung abwärts und aufwärts, den Dreiklangsbrechungen und dem chromatischen Vorhalt in Takt 1 und 2 (gis-a),

– die eingängige, einprägsame Melodie (Takt 7 bis 10 des A-Teils), die sich motivisch weiterentwickelt und steigert (Takt 13 und 14) durch rhythmische Evolution. Die Steigerung gipfelt in der »raketenhaften« Tonleiter mit Crescendo in Takt 14 und in dem anschließenden rhythmisch akzentuierten Forte-Teil (ab Takt 15),

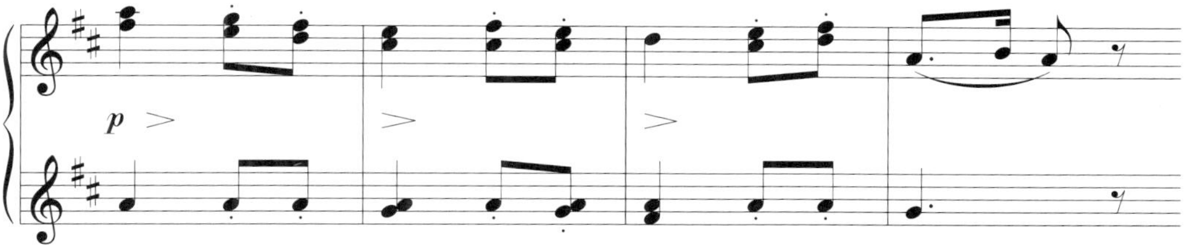

– die kontrastierende chromatische, etwas sanglichere Melodie des B-Teils (Takt 32 bis 35),
– die dreiteilige Dacapo-Form mit der wirkungsvollen Wiederkehr des A-Teils (Takt 44).

Von der Originalfassung für Klavier zu vier Händen geht eine große Faszination aus. Trotzdem sollte der Therapeut überlegen, ob er z.B. bei Schlaganfallpatienten in der ersten Phase den Marsch alleine auf dem Klavier (in der Fassung zu zwei Händen) spielt, um das Tempo (zunächst möglichst langsam!), die Lautstärke und die Phrasierung auf die jeweilige Befindlichkeit und spezifische Situation des Patienten abzustimmen und - ihm stets optisch folgend - auf die jeweilige körperlich sichtbare Reaktion in den Bewegungen sich einstellen zu können.

Gerade dieser unmittelbare Wechselbezug zwischen Therapeut und Patient, dieses unmittelbare Feedback-Musizieren bringt erfahrungsgemäß den besten therapeutischen Erfolg im Rahmen der neurologischen Rehabilitation. Inbegriffen sind dabei spontane Schwankungen des Tempos, die sich aus Motivations- oder Erschöpfungsphasen des Patienten jeweils ergeben.

Da der therapeutische Gesichtspunkt vor dem ästhetischen im Dienste der Genesung des Patienten dominiert, sollte vom Therapeuten auch erwogen werden, aus dem Themenmaterial des Vorspiels und/oder aus den vier Takten des Themas improvisatorisch ein einfaches bewegungsauslösendes Klavierstück zu entwickeln, das ganz individuell auf die Situation des Patienten abgestimmt ist.

Niemand wird ästhetische Bedenken haben und ein solches Vorgehen generell verurteilen, zumal es früher (zur Zeit des Barock, der Klassik und Romantik) ohnehin üblich war, nach vorgegebenen Themen auch im Konzertsaal frei zu improvisieren, wie es z.B. Beethoven, Chopin und Liszt bewiesen haben.

Natürlich muß dabei wiederum der lebensgeschichtliche Gesichtspunkt berücksichtigt werden: Patienten, die diesen Militärmarsch genau kennen und eventuell sogar wiederholt selber gespielt haben, wären sicher irritiert, wenn der Therapeut am Klavier von dem bekannten Original abwiche. Auch hier muß auf die dringende Notwendigkeit einer musikalischen Anamnese (unter Umständen unter Einbeziehung der Angehörigen des Patienten) hingewiesen werden.

Wichtige Grundlage jedes therapeutischen Einsatzes von Musik in der Therapie ist der kommunikative, dialogische Wechselbezug zwischen Therapeut und Patient, der sich nicht nur auf die nonverbale Ebene der Musik beschränken muß, sondern durchaus das offene, behutsame Gespräch einbeziehen kann.

Beispiel 20 Franz Schubert: Sinfonie Nr. 9 C-Dur D 944, 1. Satz
(2 verschiedene Ausschnitte)
Staatskapelle Dresden
Leitung: Karl Böhm
(DG 419484-2)

Diese großartige von Schumann wiederentdeckte Sinfonie mit den »himmlichen Längen« birgt eine Fülle antriebsfördernder und zugleich entspannender Wirkungsstrukturen in sich. Es können hier nur einige wenige zitiert werden.
Zunächst der Beginn des 1. Satzes: Das von den Hörnern allein geblasene achttaktige Motiv entfaltet eine einmalige, an Intensität kaum zu überbietende Wirkung:
Es ist geprägt durch den für Schubert charakteristischen Wanderrhythmus, bestehend aus einer halben Note und zwei Viertelnoten. Dieser daktylische Rhythmus vermittelt die Vorstellung einer permanenten, ruhigen Bewegung, die sich mit der Symbolisierung des Wanderns verbindet, in diesem Falle des »einsamen Wanderns«, des ständigen »Unterwegsseins«, das nicht nur für Schuberts Leben typisch ist: Sein Werk vermittelt eine Befindlichkeit, mit der sich viele - nicht nur depressive - Menschen identifizieren. Hier liegt die große helfende und heilende Bedeutung der Musik dieses bedeutenden Komponisten, der in seinem Leben viel Leid, Enttäuschung und Einsamkeit erfahren mußte.
Auf den daktylischen, entspannenden Rhythmus des ersten Taktes folgt in den nächsten beiden Takten ein antriebsfördernder punktierter Rhythmus. Gerade dieser Wechsel zwischen Entspannendem und Antriebsförderndem macht die konkrete therapeutische Wirkung aus.
Hinzu tritt die »Vergrößerung« (Augmentation durch rhythmische Dehnung) des letzten Motivs (Takt 6), das in Takt 7 und 8 als »Echo« (im Pianissimo) wie aus weiter Ferne widerhallt: Dadurch entsteht eine befreiende, öffnende, spannungslösende Wirkung:

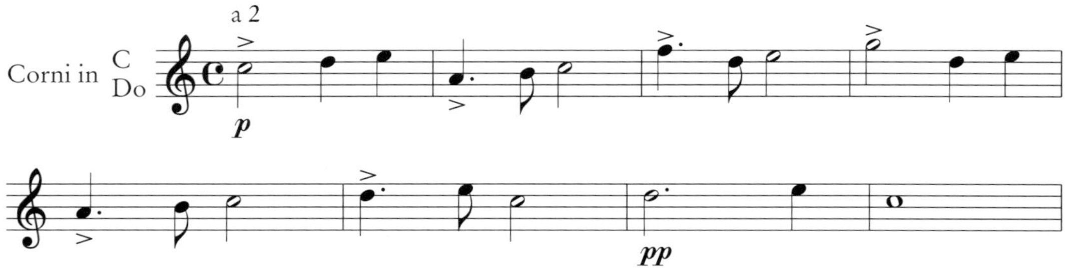

Sie wird verstärkt durch den Einsatz der Streicher (ab Takt 8), die Geborgenheit vermitteln: Der einsame Hörer (»Wanderer«) »kuschelt« sich in den weichen, warmen Klang der Streicher ein und wird auf diese Weise »eingemeindet«. Auf dieses Phänomen wies zuerst Kurt Blaukopf hin (14). Ich übernahm diese Beschreibung für die Analysen zur Popularität in der Musik.
Dieser »Eingemeindungseffekt« gewinnt eine besondere therapeutische Funktion für Patienten, die sich einsam und verlassen fühlen. Auf die analoge Funktion des Walkman-Hörens werde ich an einer anderen Stelle eingehen (das Phänomen des »magischen Uterus«, des »Hineinkriechens« in einen imaginären akustischen Mutterleib, in dem man Geborgenheit sucht).

Trost vermitteln dann auch ab Takt 9 die Holzbläser, insbesondere die Oboen, von deren Klang seit jeher eine faszinierende, oft »kathartische«, d.h. reinigende Wirkung ausgeht.
Auf die helfende und heilende Bedeutung dieser »tröstlichen« Musik kann nicht eindringlich genug hingewiesen werden.

Der zweite Abschnitt aus der C-Dur-Sinfonie von Schubert ist der Beginn des Allegro-Teils des 1. Satzes (Allegro ma non troppo). Hier überwiegen eindeutig die antriebsfördernden Strukturelemente:
- die Punktierung als rhythmisches Gestaltungselement der ersten beiden Takte des Hauptthemas,
- die Triole als rhythmisches Gestaltungsprinzip der beiden nächsten Takte des Hauptthemas,
- die Betonung des Grundtones (C) als stabilisierendes Element, der Dreiklang als entsprechendes Element in den beiden nächsten Takten des Hauptthemas,
- der Quartsprung vom und zum Grundton als intervallische Verstärkung dieser stabilisierenden Tendenz der ersten zwei Takte des Hauptthemas.

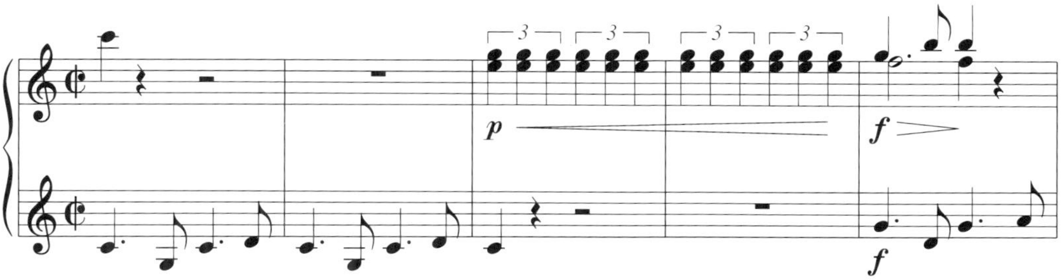

Antriebsfördernde Dynamik und festigende Stabilisierung sind also die beiden wichtigsten Faktoren, die eine unmittelbare therapeutische Auswirkung haben: Auf der einen Seite bedarf z.B. der Schlaganfallpatient des vegetativen Anstoßes, der bewegungsauslösenden Antriebsförderung, um die Bewegungsfähigkeit schrittweise wieder zu erlangen, andererseits bedarf er einer psychischen Stabilisierung seines angeschlagenen Seelenzustandes.
Auch im nächsten Abschnitt dieses Allegro-Teils des 1. Satzes der C-Dur-Sinfonie (Takt 94 ff.) herrschen beide Strukturprinzipien: die Punktierung wie die exponierten Quartsprünge in Verbindung mit den »eingeblendeten« Triolen-Partien in den Holzbläsern, die zu einer Potenzierung des Antriebseffektes führen.

Auch die anderen Sätze dieser großartigen Sinfonie von Schubert eignen sich vorzüglich für die Anwendung in der Therapie, z.B. der 2. Satz (Andante con moto): Von der Melodieführung in den Celli und Kontrabässen in den ersten sieben Takten geht eine ebenso ausgleichende und tröstende Wirkung aus wie von dem Thema in der Oboe (ab Takt 8).

Gerade diese Stelle eignet sich für die Antriebsförderung und Motivation depressiver Patienten in der neurologischen Rehabilitation wie in der Psychotherapie.
Hier gilt das, was ich anläßlich des Beispiels 09 (Mozarts g-Moll-Sinfonie) über das »Abholen« des Patienten in seiner »gedrückten« Befindlichkeit gesagt habe. Die Moll-Melodie in der Oboe signalisiert Verständnis und Aufheiterung gleichzeitig, sie vermag den Patienten behutsam und schrittweise aus der Sackgasse der Depression herauszuführen.

Gerade dieser Sinfonie-Satz lenkt und leitet den Patienten aus seiner seelischen Verzweiflung heraus. Dieser Vorgang setzt sich fort insbesondere in den Takten 93 ff., wo im Pianissimo ein Dur-Thema (F-Dur) in den 2. Violinen aufleuchtet, gleichsam wie ein Lichtschein aus dem angestrebten gelösten und befreiten seelischen Zustand.
Welche Entwicklung die Musik durchmessen hat, welch positiver Weg sich dem Patienten öffnen kann, wird dem Hörer um so deutlicher, wenn in Takt 160 in der Oboe im Pianissimo wiederum das Eingangsthema erscheint.

Beispiel 21 Claude Debussy: »Golliwogg's Cake Walk« aus
»Children's Corner«
Burkhard Kehring, Klavier
(Karussell 429286-2)

In diesem antriebsfördernden Werk aus dem berühmten Klavierzyklus von Debussy stützt sich der Komponist auf die damalige Tanzmode des Cake Walk, eines temperamentvollen, zuweilen wilden ekstatischen Tanzes, der das Amerika und zum Teil das Europa der zwanziger Jahre begeisterte.
In der rhythmischen Struktur hat die Komposition Ähnlichkeit mit dem Ragtime, der zu den Vorstufen des Jazz gehört: Einflüsse der europäischen Klaviermusik und des afro-amerikanischen Jazz verschmelzen in ihm zu einer neuen Stilform. Auffälligstes Merkmal ist die Synkope, wie sie gleich zu Beginn der Komposition deutlich wird: Sie gehört zu den wichtigsten antriebsfördernden, vegetative Impulse auslösenden Wirkungselementen.
Hinzu tritt die motorische Begleitung in der linken Hand, deren Wirkung durch Reizdissonanzen (z.B. Sekundreibungen) verstärkt wird.
Auch das »Gesetz der wachsenden Glieder« (1 + 1 + 2-Takt-Gliederung: Takt 10 bis 13, 14 bis 17, 18 bis 21) mag zur motivierenden, befreienden, öffnenden Wirkung dieses attraktiven Stückes beitragen, auf das vor allem jene Patienten ansprechen, die selber mit dem Jazz groß geworden sind: Für sie verknüpft sich mit diesem Stil oft die Erinnerung an glückliche, gesunde Jugendzeiten, in denen sie selber nach solchen Rhythmen getanzt haben.

Es empfiehlt sich, dieses Stück Schlaganfallpatienten mit schweren motorischen Ausfällen in etwas langsamerem Tempo vorzuspielen und den Rhythmus genau auf die Bewegungsfähigkeit und deren langsame Rehabilitation abzustimmen.

Beispiel 22 Maurice Ravel: Bolero (2 Ausschnitte)
Philharmonia Orchestra London
Leitung: Guiseppe Sinopoli
(DG 427644-2)

Der Bolero von Ravel gehört zu den populärsten Stücken klassischer Musik. Gleichzeitig muß er als Prototyp antriebsfördernder Musik gelten.

- Der erregende Bolero-Tanzrhythmus, der sich durch das gesamte Stück zieht und ununterbrochen vom Schlagzeug gespielt wird, würde allein schon als optimales Antriebselement ausreichen.
- Hinzu tritt der geniale Wurf einer Melodie, von der ebenfalls eine unglaubliche Faszination ausgeht: Sie ist orientalisch geprägt und transportiert eine geballte Ladung exotischer Assoziationen, die - der lebensgeschichtlichen Vorprägung des einzelnen Patienten entsprechend - ihre Wirkung entfalten.
- Die nicht weniger als 18 Takte umfassende Melodie spannt einen weiten Bogen, der den Hörer und Patienten in seinen Bann zieht, ihn in eine ferne, exotische Traumwelt entführt, ihm erregende »Abenteuer« beschert und ihn dadurch aus der Sackgasse seiner Zwänge befreit.
- Die orientalische »Sanglichkeit« dieser weit gespannten Melodie mit großem Atem erhält ihre dynamische Schubkraft durch eine Fülle weicher Synkopen mit »off-beat-Effekt«.
- Die Wirkung dieser originellen Melodie wird unterstützt durch die im wesentlichen zwischen zwei verfremdeten Akkorden hin und her pendelnde Harmonik, die sich über dem auf der ersten Zählzeit orgelpunktartig wiederkehrenden c (als eine Art Tonika) der Baßinstrumente entfaltet, im Wechsel mit der Quinte g (gleichsam als Dominante). Die hin und her pendelnde Akkordharmonik erzeugt eine Eintönigkeit, von der eine fast hypnotische Wirkung ausgeht. Die Akkorde sind stets angereichert durch clusterartige Ballungen von »Tontrauben« mit den typischen Sekund- und Septreibungen. Diese Reizdissonanzen unterstützen die faszinierende Wirkung.
- Das Faszinierendste ist wohl die Instrumentation und Dynamik, die eine in der Orchesterliteratur einzigartige Steigerung aufweist. Nachdem die Melodie nacheinander von verschiedenen Soloinstrumenten (Flöte, Klarinette, Fagott, Englischhorn (Oboe d'amore), Tenor- und Sopransaxophon, Horn (unisono mit Celesta) usw.) vorgetragen wurde, treten stufenweise immer mehr Instrumente hinzu, woraus sich ein instrumentationsbedingtes allmähliches Crescendo ergibt, das vom Pianissimo schließlich ins Fortissimo übergeht: Hier schlägt die anfängliche Hypnose in Ekastase um: Dieser Vorgang setzt ungeheure antriebsfördernde motorische Energien frei. Um die »Eckpfeiler« (Anfang und Ende) dieser einzigartigen Entwicklung aufzuzeigen, bringen wir als Klangbeispiel das anfängliche zweite Auftreten des Themas (ab Takt 21, Ziffer 1 der Partitur) und den Schluß (Ziffer 18 der Partitur).

Beispiel 23 Darius Milhaud: »Brasileira« aus »Scaramouche«
Burkhard Kehring und Thomas Grubmüller, Klavier

Dieses Stück gehört zu den »Hits« der Musik in der neurologischen Rehabilitation: Von ihm gehen unglaubliche motorische Impulse aus, bedingt durch die südamerikanischen Rhythmen und deren kunstvolle klangliche Realisierung.

Immer wieder zeigt sich, welch aufhellende, stimmungsverbessernde, motivierende Wirkung gerade von diesem Stück ausgeht.

Wegen der mitreißenden Faszination dieser Komposition muß ihr Einsatz allerdings dosiert und behutsam geschehen, wie beim Bolero von Ravel. Auf keinen Fall darf sich der teilgelähmte Patient verführen lassen, seine Kräfte zu überfordern und damit in der stufenweisen Rehabilitation zurückgeworfen zu werden.
Wegen der Klangfülle sollte die Lautstärke, der Befindlichkeit und Sensibilität des Patienten entsprechend, behutsam reguliert werden.
Auch muß bedacht werden, daß von diesem Stück durchaus narkotische Wirkungen ausgehen können, wie von Ravels Bolero: Der Nutzer oder Therapeut muß sich vor Augen führen, daß es sich hier wie beim Bolero um eine Art musikalisches Psychopharmakon handelt, das gefährlich werden kann.
Auch hier geht die Wirkung primär von einem südamerikanischen Tanzrhythmus aus, der allein schon als Antriebsförderungselement ausreichen würde.
Hinzu tritt eine reizvolle melodische und harmonische Gestaltung, die nicht weiter analysiert zu werden braucht, weil sie jedem Hörer zugänglich ist.
Auch der klangliche Reiz des Zusammenwirkens zweier »konzertierender« Klaviere gehört zu den therapeutisch relevanten Faktoren.

Beispiel 24 Béla Bartók: »Bärentanz« aus »Sonatine«
Thomas Grubmüller, Klavier

Dieser »Bärentanz« eignet sich besonders für die neurologische Rehabilitation teilgelähmter Schlaganfallpatienten:
In der Schwerfälligkeit des Bewegungsablaufes, die sich an der typischen Bewegung des Bären in seiner »Tolpatschigkeit« orientiert, findet sich der Patient in seiner derzeitigen Hilflosigkeit und Bewegungsgehemmtheit wieder. Auch hier wird das Iso-Prinzip der Musiktherapie angewandt. Je nach Schwere der Lähmung sollte der Therapeut ein langsameres Tempo wählen und das Stück im Bedarfsfall selber mit bewußt hervorgehobenen Akzenten spielen, ohne es zu verfremden oder zu vergewaltigen.

Antriebsfördernde Lieder von Liebe und Leben

Antriebsfördernde Lieder von Liebe und Leben

Das Thema Liebe gehört zu den attraktivsten überhaupt, wie literaturwissenschaftliche Untersuchungen des Liedes gezeigt haben (15). Dies gilt für das Volkslied und Kunstlied in gleicher Weise und trifft auch auf den Schlager zu (16).
Die Ergebnisse der textlichen und musikalischen Analysen der Popularitätsforschung gewinnen größte Bedeutung für den Einsatz von Musik in der Therapie. Das zeigt sich auch an den folgenden Liedbeispielen:

Beispiel 25 »Das Lieben bringt groß Freud'« Volkslied
Joachim Kuntzsch, Gesang und Klavier

Dieses beliebte Volkslied aus dem süddeutschen, schwäbisch-alemannischen Raum zeigt eine Anhäufung assoziativer Schlüsselbegriffe, die bei deutschsprachigen Hörern und Patienten starke Emotionen und antriebsfördernde Wirkungen auslösen, je nach lebensgeschichtlicher Erfahrung und Prägung.
Zu diesen Schlüsselbegriffen gehören neben Liebe und Freude u.a. Schätzelein, schwarzbraune Äugelein, Herz, »Brief schreiben«, »treu bleiben«, »mein Eigen sein«.
Zu den musikalischen antriebsfördernden Strukturelementen gehören
- der auftaktige Quartsprung zu Beginn der Melodie,
- der anapästisch rhythmisierte aufsteigende Dreiklang zu Beginn der zweiten und dritten Melodiezeile,
- die gehäufte Folge expressiver Vorhalte,
- die subdominantische Harmonisierung an den melodischen Höhepunkten (z.B. »groß«),
- nicht zuletzt der motorische Wanderrhythmus, der den Charakter der gesamten Melodie prägt.

Beispiel 26 Franz Schubert: »Ungeduld« (»Ich schnitt' es gern in alle Rinden ein«)
Hidenori Komatsu, Bariton
Cord Garben, Klavier

Die besondere antriebsfördernde Wirkung dieser Melodie geht zunächst einmal vom Rhythmus aus. In dem mit »Ungeduld« überschriebenen Lied findet sich eine Kette punktierter Rhythmen. Ihre Wirkung wird unterstützt durch die Triolen der Begleitung wie des Vorspiels.
Das zentrale melodische Antriebselement sind die Sextsprünge jeweils zu Beginn der Melodiezeile (»Ich schnitt'», »Ich grüb'«).

Wichtiges, in der populären Musik von 1810 bis 1960 auffällig oft wiederkehrendes melodisches Wirkungselement ist der »abgebogene Leitton« im Takt 2 (»Rinden«), der rhythmisch durch die punktierte Note und harmonisch durch seinen Charakter als Vorhalt vor der Subdominant-Terz unterstrichen wird. Die verhaltensauslösende, emotionalisierende Wirkung dieses unaufgelösten Tones, der als melodische siebente Stufe der Durtonleiter eine starke aufwärtsgerichtete Strebekraft aufweist, entfaltet sich besonders dann, wenn er auf betontem Taktteil steht, rhythmisch hervorgehoben und harmonisch unterstrichen wird, z.B. durch die Subdominante wie hier.
Daß die Subdominante ein unterstreichendes, intensivierendes und gefühlsauslösendes Moment ist, zeigen aber auch viele andere Beispiele.
Der durchlaufende punktierte Rhythmus der Melodie wird auf dem Höhepunkt unterbrochen und das Wort »dein« durch eine halbe Note hervorgehoben.
Die Wiederholung des ausdrucksvollen Quintmotivs »Dein ist mein Herz« eine Terz höher führt zu einer weiteren Steigerung, die in den absteigenden erweiterten Dreiklang auf »ewig« mündet.
Das Wort »bleiben« komponiert Schubert mit einem weit ausgeschwungenen Melisma, das mit einem Oktavsprung nach oben (als intervallische Steigerung) beginnt.
Verstärkt wird der Höhepunkt »Dein ist mein Herz und soll es ewig bleiben« durch wirkungsvolle harmonische Wendungen, beginnend mit dem Quintsextakkord der Doppeldominante und dem darauffolgenden verminderten Septakkord.
Wir finden hier also eine Anhäufung »pharmakologischer« Wirkungselemente, die sich wechselseitig verstärken und gerade diesem Lied eine große therapeutische Bedeutung zuweisen.

Beispiel 27 Franz Schubert: »Die Forelle«
Hidenori Komatsu, Bariton
Cord Garben, Klavier

Dieses Lied hat Schubert besonders geliebt und in dem berühmten »Forellen-Quintett« verarbeitet.
Auch hier sind es antriebsfördernde rhythmische Elemente, die die Wirkung dieses Liedes ausmachen, z.B. die Sextole in der Begleitung, deren antriebsfördernder Effekt durch die Aussparung der ersten Note entsteht (was für den Pianisten eine Herausforderung an seine Technik und Präzision bedeutet).
Das melodische Strukturelement der Sexte spielt in diesem Begleitmotiv (das tonmalerisch das Rauschen und Plätschern des Baches symbolisiert) eine ebenso wichtige Rolle wie der chromatische Durchgangston.
Nach Einsatz der Singstimme »In einem Bächlein helle« ändert der Komponist die melodische Struktur dieses rhythmisch gleichbleibenden Sextolenmotivs in Richtung auf Dreiklangsbrechungen, die allerdings wiederum durch den Sextsprung (hier gleich zweimal) charakterisiert sind.
Wie klinische Erfahrungen immer wieder bestätigen, wirkt diese Melodie für Freunde des klassisch-romantischen Liedes beschwingend, aufheiternd, stimmungsanhebend und antriebsfördernd.

Beispiel 28 Manuel de Falla: »El Pano Moruno« aus
»Siete canciones populares Españolas«
Christiane Iven, Mezzosopran
Thomas Grubmüller, Klavier

Eine nicht weniger intensive, aber ganz andersartige antriebsfördernde Wirkung geht von den spanischen Volksliedern aus, die Manuel de Falla für Singstimme und Klavier bearbeitet hat. Hier sind es spezifische spanische Tanzrhythmen, die spontane vegetative motorische Impulse beim Hörer und Patienten auslösen. Das erste Lied (El Pano Moruno) ist ein Tanz im 3/8-Takt mit der Betonung auf der unterteilten 2. Zählzeit, wodurch eine antriebsauslösende synkopische Wirkung entsteht.

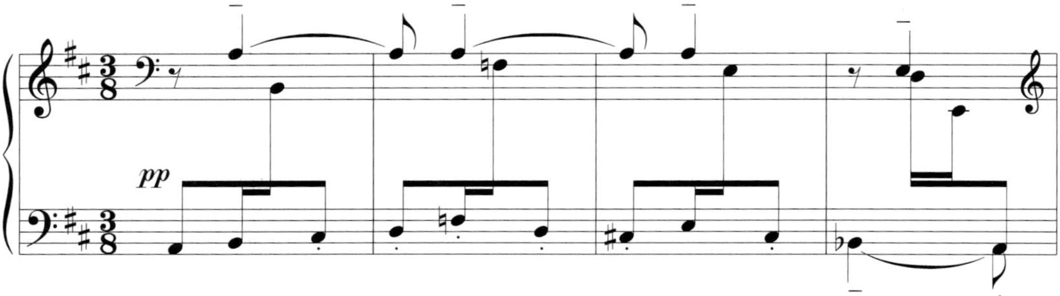

In der Melodik der Singstimme dominieren der Quartsprung jeweils zu Beginn einer Melodiephrase und der Leitton (melodische 7. Stufe der harmonischen Moll-Tonleiter) am synkopisch rhythmisierten (auf die 3. Zählzeit vorgezogenen) Ende:

Therapeutisch bedeutsam ist die aufhellende Wandlung der Moll-Melodie zum strahlenden Dur, das durch den doppelten Quartsprung am Anfang und Ende der Melodiephrase besondere Zuversicht ausstrahlt.
Eine ähnliche stimmungsaufhellende Wirkung geht vom Schluß des Liedes aus: Die 4 Takte lang ausgehaltene kleine Sexte (6. Tonstufe in Moll) wirkt als Vorhalt zur Molltonika, löst sich aber (entgegen der Hörerwartung) in den Durdreiklang auf.

Beispiel 29 Heitor Villa-Lobos: »Bachinas Brasileiras« Nr. 5
Karita Mattila, Gesang
The Academy of St. Martin in the Fields
Leitung: Sir Neville Marriner
(Philips 420155-2)

Dieses Beispiel stammt ebenfalls aus dem spanisch-südamerikanischen Stilbereich tänzerisch inspirierter und rhythmisch pointierter Musik mit starkem folkloristischem Einschlag.
Die reizvolle Besetzung mit Sologesang und Cellisten übt gerade in der neurologischen Rehabilitation eine starke antriebsfördernde Wirkung aus.
Besonders vom Celloklang gehen für viele Hörer und Patienten - je nach lebensgeschichtlicher musikalischer Prägung - starke emotionale Wirkungen aus, die helfen und heilen können.
Der Reiz der originellen Melodie wird durch die aufreizende rhythmische Gestaltung der orchestralen Begleitung unterstützt und gesteigert.
Schon vom ostinatoartigen Anfang mit der chaconneähnlichen Baßführung wird der Hörer und Patient in den Bann dieser einzigartigen Komposition gezogen.
Angesichts der sich spontan erschließenden Wirkung der Musik erübrigt sich eine detaillierte Analyse und Beschreibung der therapeutischen Wirkungsstrukturen.
Hingewiesen sei nur auf die sequenzierende Gestaltung der Melodie im zweiten Teil unseres Beispiels nach dem Sekundganggesetz, das trotz aller aufreizenden, antriebsfördernden Wirkung eine Art Vertrautheit, Sicherheit und Geborgenheit vermittelt.

Perkussive Rhythmen

Gerade für jüngere Hörer und Patienten gehen von den zum Teil fremdländisch inspirierten Rhythmen, gespielt von den verschiedenen Schlaginstrumenten (z.B. Bongos und Congas), intensive motorisch-ekstatische Impulse mit antriebsfördernder Wirkung aus.
Die Bedeutung derartiger Musik in der Therapie wächst durch die Tatsache, daß leider immer mehr junge Menschen einen Herzinfarkt oder Schlaganfall erleiden.

Beispiel 30 Afrikanische Skizzen
Schlagzeugklasse der Hochschule für Musik und Theater Hamburg
Leitung: Joachim Winkler

Von diesem Stück gehen besondere antriebsfördernde Impulse aus, die sich mit einer gewissen harmonisierenden und psychisch stabilisierenden Wirkung verknüpfen: Dies beruht auf dem Dreiertakt, durch den die Komposition trotz aller ekstatischen perkussiven Elemente eine gewisse Ruhe ausstrahlt.
Diese wird unterstützt durch die Melodie der Xylophone, die nach dem Vertrautheit und Geborgenheit vermittelnden Sekundganggesetz gestaltet ist.
Diese Wirkung entfaltet sich besonders stark durch den Kontrast der rhythmisch pointierten Partien.

Wanderlieder

Eine zentrale Rolle kommt der Bewegung des Wanderns zu: Das Wandern ist ein befreiendes Symbol, von dem eine faszinierende, antriebsfördernde, motivierende Wirkung ausgeht. Daher können Wanderlieder von besonderem therapeutischen Nutzen sein.

Beispiel 31 »Auf, du junger Wandersmann« (Volkslied)
Stephan Henatsch, Trompete
Hermann Rauhe, Klavier

Der schreitende, wandernde Rhythmus wirkt besonders:
- durch seine motorisch-pulsierende Struktur, die entsprechende Bewegungsreflexe hervorrufen kann,
- durch den besonderen Rhythmus der Melodie: Die Verlängerung der ersten Note um die Hälfte ihres Wertes (Punktierung) unterstützt den Aufforderungscharakter und die verhaltensauslösende Wirkung,
- wo jener Effekt durch die Tonfolge am Anfang der Melodie den doppelten Quartsprung verstärkt. Die Quarte wirkt kraftvoll und energieauslösend.

Aufgrund dieser Strukturelemente besitzt die Melodie, insbesondere ihr Anfang, als Aufschwung eine starke antriebsfördernde Wirkung.
Sie wird durch die bewußt am Wanderrhythmus orientierte Klavierbegleitung unterstützt.
Mit dem Instrument - der Trompete - verbinden zumindest die europäischen Hörer den Klang der Fanfare, die ebenfalls appellativen Charakter besitzt.
Formal gesehen, läßt die erste Melodiezeile ein Strukturgesetz erkennen, das für die Wirkung wichtig ist: Das Gesetz der wachsenden Glieder: Auf die zweitaktige erste Phrase (»Auf, du junger Wandersmann«) folgt eine viertaktige (»jetzo kommt die Zeit heran, die Wanderszeit, die bringt uns Freud'!«).
Dieser formale Wachstumsprozeß führt zu einer Erweiterung, die antriebsfördernd und verhaltensauslösend wirkt.

Beispiel 32 »Wem Gott will rechte Gunst erweisen« (Volkslied)
Stephan Henatsch, Trompete
Hermann Rauhe, Klavier

Diese in Deutschland besonders beliebte Volksliedmelodie weist aufgrund folgender Strukturmerkmale eine stark antriebsfördernde Wirkung auf:

- Der aufsteigende Dreiklang als fanfarenartiger, optimistisch wirkender melodischer Aufschwung gipfelt in einem stark appellativen Rhythmus, gekennzeichnet durch Punktierungen, die den folgenden Tönen eine besondere impulsauslösende Qualität verleihen.
- Unterstützt wird dieser verhaltensauslösende Effekt harmonisch: Auf den Grunddreiklang (Tonika) folgt hier als klanglicher Höhepunkt der Dreiklang der vierten Stufe (Subdominante), der eine besondere klangliche Intensität und emotionale Wirkung besitzt, wie Untersuchungen immer wieder bestätigen.
- Die rhythmische Wirkung wird verstärkt durch die halbe Note, die auf die Achtel folgt: Dieses Überspringen einer Notenlänge (der Viertelnote) wirkt erfahrungsgemäß intensivierend, motivierend.
- In den folgenden Passagen spielt die Punktierung eine wichtige verhaltensauslösende Rolle.

Die Trägen, die zu Hause liegen,
erquicket nicht das Morgenrot,
sie wissen nur vom Kinderwiegen,
von Sorgen, Last und Not um Brot.

Die Bächlein von den Bergen springen,
die Lerchen schwirren hell vor Lust,
was sollt' ich nicht mit ihnen singen
aus voller Kehl' und frischer Brust?

Den lieben Gott laß ich nur walten,
der Bächlein, Lerchen, Wald und Feld
und Erd' und Himmel will erhalten,
hat auch mein' Sach' aufs best' bestellt.

Für Patienten oder Hörer im deutschen Sprachraum gewinnt der Text eine zusätzliche motivierende Wirkung: Die Begriffe »weite Welt«, »Wunder«, »Berg und Wald und Strom und Feld«, »Bächlein«, »Berge«, »Lerchen«, »Erd' und Himmel« spielen eine wichtige Schlüsselrolle.
Solche »assoziativen Schlüsselbegriffe« sind wichtige Momente der Popularität von Musik und fördern den Erfolg volkstümlicher Lieder.
Diese Begriffe spiegeln die heimlichen, unbewußten Wünsche, Sehnsüchte und Erwartungen vieler Menschen wider. Sie verkörpern jene heile, unberührte, natürliche Welt, nach der sich heute im Zeitalter der Industrialisierung, Technisierung und Computerisierung immer mehr Menschen (vor allem auch junge) sehnen. Ältere Erfolgsmelodien und ihre Texte machen die Defizite deutlich: In den Melodien und Texten finden die Hörer eine Befriedigung von Bedürfnissen, die in der Wirklichkeit nicht befriedigt werden können. Die Musik und ihre Texte bieten einen Ersatz dafür. Psychologen sprechen von der kompensatorischen Funktion der Musik (wie der Kunst überhaupt).
Die letzte Strophe dieses bekannten Volksliedes (Text von Joseph von Eichendorff) läßt außerdem noch eine theologische Assoziation erkennen: »Den lieben Gott laß ich nur walten«. Von diesem sakralen Moment geht eine intensive musiktherapeutische Wirkung aus, eine helfende und heilende, denn die mit der Melodie assoziativ vermittelte Botschaft signalisiert Gelassenheit, Trost und Geborgenheit.

Beispiel 33 »Nun ade, du mein lieb' Heimatland« (Volkslied)
Stephan Henatsch, Trompete
Hermann Rauhe, Klavier

Auch Lieder, die die Heimat besingen, vermitteln Trost und Geborgenheit. Die Verwurzelung in der Heimat spielt eine große Rolle für fast alle Menschen.

Unabhängig von dem Text dieser Melodie, der in der instrumentalen Fassung auf unserer CD ohnehin fehlt, aber beim Hören assoziiert wird, liegen die Wirkungselemente der Melodie in folgenden Komponenten:

Von dem aufsteigenden Dreiklang mit Auftaktigkeit (zwei Achtel) geht eine antriebsfördernde, motivierende Wirkung aus. Der auf die ausschwingende sechste Stufe (auf dem Worte »liebt'«) folgende absteigende Dreiklang ist mit einer Punktierung rhythmisiert. Die emotionale Botschaft gipfelt in den Vorhalten in Takt 2 und 3 (Wiederholung der Worte »Lieb' Heimatland«). Die fallende Terz (der »Kuckucksruf«) auf »ade« ist in unserem Kulturkreis stark gefühlsbehaftet, besonders im schwäbisch-alemannischen Raum (»Schwäbische Terz«).

Der Höhepunkt der gesamten Melodie folgt wiederum auf einen aufsteigenden Dreiklang mit punktiertem Rhythmus (»frohen Mut«). Der Spitzenton fällt auf das Wort »singet«, harmonisiert durch die gefühlsintensive Subdominante. Auch für diese Melodiewendung sind die Vorhalte charakteristisch, die stets antriebsfördernde oder gefühlsauslösende Wirkungen haben.

Das Fernweh ist ein weiteres wichtiges Element der Popularitätsförderung und therapeutischen Wirkung: »Doch jetzt zur Ferne zieht's mich hin«.

Es nimmt eine Grundstimmung vieler Menschen auf, die der Enge, den Bedrängnissen ihres Lebens und dem Alltag entfliehen möchten und sich nach Freiheit, Weite, neuen Erlebnissen und Abwechslung sehnen.

Abschied ist ein Thema, das die Herzen der Menschen bewegt und deshalb in populären Melodien besonders häufig vorkommt, wie die statistische Untersuchung der populärsten Melodien von 1810 bis 1960 zeigte.

Damit der Therapeut die Möglichkeit hat, bei deutschsprachigen Patienten die Wirkung des Textes mit einzubeziehen, drucken wir ihn in allen Strophen hier ab:

Nun ade, du mein lieb' Heimatland, lieb' Heimatland ade!
Es geht jetzt fort zum fremden Strand, lieb' Heimatland ade!
Und so sing' ich denn mit frohem Mut,
wie man singet, wenn man wandern tut,
lieb' Heimatland, ade!

Wie du lachst mit deines Himmels Blau, lieb' Heimatland ade!
Wie du grüßest mich mit Feld und Au, lieb' Heimatland ade!
Gott weiß, zu dir steht stets mein Sinn;
doch jetzt zur Ferne zieht's mich hin,
lieb' Heimatland, ade!

Begleitest mich, du lieber Fluß, lieb' Heimatland ade!
Bist traurig, daß ich wandern muß, lieb' Heimatland ade!
Vom moos'gen Stein am wald'gen Tal,
da grüß' ich dich zum letztenmal,
lieb' Heimatland, ade!

Beispiel 34 »Muß i denn zum Städtele hinaus« (Volkslied)
Joachim Kuntzsch, Gesang
Hermann Rauhe, Klavier

Es ist sicher kein Zufall, daß dieses schwäbische Volkslied von dem Rocksänger Elvis Presley weltberühmt gemacht worden ist.
Er sang es auf Schallplatte während seiner Wehrdienstzeit in Deutschland.
Auch hier spielt das Thema Abschied die zentrale Rolle und bewegt die Herzen der Menschen. Jeder Mensch hat in seinem Leben Abschied und Aufbruch mehr oder weniger schmerzlich erlebt und kann sich deshalb mit diesem Wanderlied identifizieren. Das ebenfalls im populären Liedgut beliebte Thema der Heimkehr, hier verknüpft mit dem Themenkreis Liebe, trifft die Sehnsüchte vieler Menschen und steigert die Wirkung des Liedes.
Musikalisch gesehen wird die Melodie geprägt durch ein typisches anapästisches Motiv, das wiederholt wird (»Muß i denn«).

Auch die wörtliche Wiederholung des Motivs »Städtele hinaus« wirkt stark emotional und antriebsfördernd. Daß der Höhepunkt der Melodie harmonisch auf die Subdominante fällt, ist kein Zufall. Auch diese Melodie endet mit der gefühlsbetonten »schwäbischen« fallenden Terz. Für den zweiten und letzten Teil der Melodie ist wiederum die Punktierung ein wichtiges antriebsförderndes Prinzip, genauso wie die Motivwiederholung im Abstand einer steigenden Sekunde.

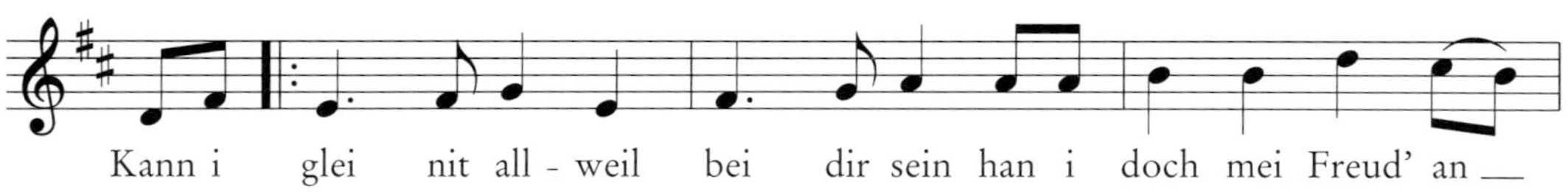

Der aufsteigende Dreiklang mit Pendelausschlag zunächst zur benachbarten Sexte und dann zur oberen Oktave (»Wenn i komm, wenn i komm, wenn i«) gehört ebenfalls zu den antriebsfördernden, motivierenden, gefühlsbetonten Strukturelementen.

Diese Wirkungsmechanismen werden durch die Assoziationen der textlichen Schlüsselbegriffe (»Schatz«, »lieb«, »Mädele«, »Hochzeit«, »treu«, »wandern«) verstärkt. Sie sind aber auch losgelöst vom Text wirksam, auch für Hörer des außerdeutschen Sprachraumes, sofern sie mit der dur-moll-tonalen abendländischen Musik vertraut sind: Dies gilt nicht nur für Amerika, sondern auch für Japan.

Beispiel 35 »Das Wandern ist des Müllers Lust« (Volkslied)
Joachim Kuntzsch, Gesang und Klavier

Entsprechendes gilt auch für dieses alte Volkslied.

Im musikalischen Bereich haben insbesondere folgende Strukturelemente antriebsfördernde Wirkung:

- der auftaktige Quartsprung mit anschließendem Dreiklang am Anfang der Melodie,
- der aufsteigende anapästisch rhythmisierte Dreiklang (Takt 7 mit Auftakt und Takt 9 mit Auftakt),
- die Vorhalte in Takt 7 und 9 der Melodie (Vorhalt von oben und chromatischer Vorhalt von unten: fis-g), von denen starke emotionale Wirkungen ausgehen,
- der absteigende Sextsprung im vorletzten Takt auf »wandern« (Schlußwendung),
- das Vorherrschen des punktierten Rhythmus, wobei die Punktierungen jeweils auf die erste Zählzeit fallen,
- der dem Lied zugrunde liegende Wanderrhythmus, von dem ein elementarer Bewegungsimpuls ausgeht.

Seemannslieder und Shanties

Die Seefahrt war schon immer ein Symbol der Freiheit und des Abenteuers, der Sehnsucht in die Ferne und des Heimwehs. Deshalb gewinnen Seemannslieder und Shanties eine besondere therapeutische Funktion.
Sie treffen das Bedürfnis, auszubrechen aus der domestizierten, durchorganisierten verwalteten Welt: Jeder Mensch verspürt in sich den geheimen, meist unbewußten Wunsch, wenigstens in seiner Phantasie die Fesseln der eigenen Existenz und Lebenswelt abzuwerfen und der Realität zu entfliehen. Hier liegt die besondere therapeutische Funktion solcher Lieder. Sie machen dem Patienten das Kranksein erträglicher und helfen ihm, die seelische Kraft zur Heilung zu entwickeln.
Außerdem gehen gerade von den Seemannsliedern und Shanties starke antriebsfördernde Impulse aus, zumal die Shanties ursprünglich Arbeitslieder waren, die den Seeleuten halfen, die rhythmischen Arbeitsvorgänge zu verrichten.
Aus der Fülle geeigneter Beispiele wähle ich folgende aus:

Beispiel 36 »Alle, die mit uns auf Kaperfahrt fahren« (Volkslied)
Joachim Kuntzsch, Gesang
Hermann Rauhe, Klavier

Diese alte Volksmelodie übt auf viele Menschen eine besondere Faszination aus.
Gründe hierfür liegen

- in der motivischen Struktur (aufsteigendes Dreitonmotiv mit anschließendem Abstieg). Der entstehende große melodische Bogen erzeugt eine Weite der Empfindung und symbolisiert so das Ausbrechen aus der engen Vorstellungswelt.
- Der Wechsel von Moll zu Dur im zweiten Teil der Melodie übt eine weitere antriebsfördernde Wirkung aus.
- Der schwingende Rhythmus der Melodie hat bewegungsauslösenden und zugleich beruhigenden pendelnden Charakter.

Diese Melodie ist ein gutes Beispiel für die enge Verbindung von antriebsfördernden und entspannenden Wirkungselementen in der Musik: Die schaukelnde (schunkelnde), pendelnde, kreisende Bewegung, die das aktive Singen und Hören dieser Melodie auslöst, hat etwas Motivierendes und gleichzeitig Meditatives.

Beispiel 37 »My Bonnie Is Over The Ocean« (Volkslied)
Joachim Kuntzsch, Gesang
Hermann Rauhe, Klavier

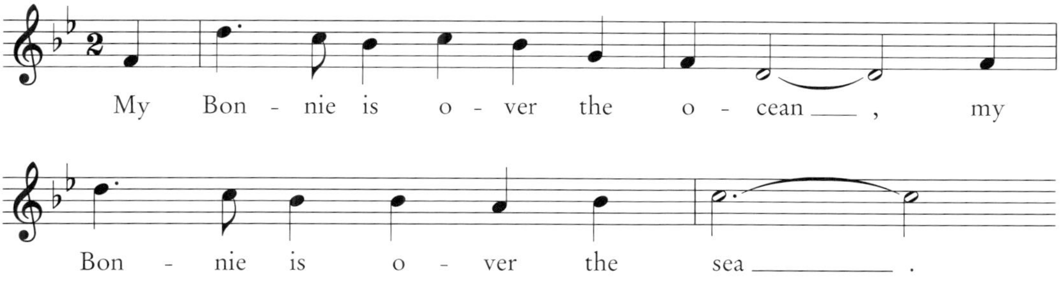

Diese populäre Melodie wirkt durch den Sextsprung und die rhythmische Punktierung zu Beginn besonders verhaltensauslösend.
Auch hier löst der Dreiertakt (walzerähnlich) eine pendelnde und schwingende Bewegung aus. Das Volkslied spricht von Trennungsschmerz, Abschied und dem Entbehren des geliebten Partners. Menschen, die sich in einer ähnlichen Situation befinden, identifizieren sich mit dieser Melodie, die damit zu einer Art Lebenshilfe, zum Trost, werden kann.

Beispiel 38 »Winde weh'n, Schiffe geh'n« (Volkslied)
Polizei-Chor Hamburg
Polizei-Orchester Schleswig-Holstein
Leitung: Walter Heier und Klaus Achs
(Karussell 837 886-2)

Ihre gefühlsauslösende Wirkung gewinnt diese Melodie wiederum durch einen Sextsprung zu Beginn: Diesmal ist er aber nach unten gerichtet. Gegen Ende der Melodie folgt dann noch ein integrierter Sextsprung nach oben (im harmonischen Zusammenhang mit der Subdominante, die ohnehin eine gefühlsauslösende Bedeutung hat).

Die Wiederholung des dreiklangsbezogenen Haupt- und Eingangsmotivs (Winde weh'n) gewinnt stark verhaltensauslösende Wirkung, die sich aber wiederum durch den kreisenden Charakter des Motivs mit einer in sich ruhenden, meditativen Stimmung verbindet, besonders wenn man diese Melodie einstimmig spielt oder summt und mit einem schweifenden Bordun begleitet (Quinte mit pendelndem Ausschlag zur Sexte: Der Grundton ruht, während der 5. Ton im halbtaktigen Abstand mit dem 6. wechselt): Dieser schweifende Bordun löst mit seiner pendelnden Bewegung eine psychisch stabilisierende Empfindung aus.

Beispiel 39 »Hamburger Veermaster« (Shanty)
Polizei-Chor Hamburg
Polizei-Orchester Schleswig-Holstein
Leitung: Walter Heier und Klaus Achs
(Karussell 837 886-2)

Dieses Lied gehört zu den populärsten Shanties und Seemannsliedern. Es gibt hierzu die verschiedensten regional geprägten Textvarianten.
Das Fernweh, die Abenteuerlust, die Sehnsucht nach fernen Ländern, verbunden mit der Aussicht, durch Goldgräberei reich zu werden, sind charakteristisch für diese Melodie und ihren ungewöhnlichen Erfolg.

Die Melodie ist dreiklangsbetont und erweckt dadurch den Schein des Bekannten und Vertrauten. Außerdem geht von dem Sextvorhalt vor der Tonikaquinte (»Veermaster«) und von dem Sextvorhalt vor der Dominantquinte (»to my hoodah«) eine starke emotionale Wirkung aus. Wichtig für den Erfolg der Melodie ist auch die Vertrautheit erweckende typische Melodieformel 6-5-3, die für Kinderlieder charakteristisch ist (vgl. hierzu auch das Hauptmotiv der bekannten Melodie »We Shall Overcome«).
Der emotionale Höhepunkt der Melodie liegt wiederum auf der Subdominante bei »Californio«, wobei die gefühlsbetonte 6. Melodiestufe eine besondere Rolle spielt.

Beispiel 40 »What Shall We Do With The Drunken Sailor« (Shanty)
Joachim Kuntzsch, Gesang und Klavier

Von dieser berühmten Shanty-Melodie geht eine besonders starke verhaltensauslösende Wirkung aus, bedingt durch den auffordernden, sprachgeprägten Rhythmus, die fast perkussive Tonwiederholung am Anfang des Motivs und die um einen Ton nach unten versetzte Wiederholung des Dreiklangs. Der besondere Reiz dieser Melodie liegt auch darin, daß sie auf der dorischen Tonleiter mit ihrer herben »dorischen Sexte« beruht.

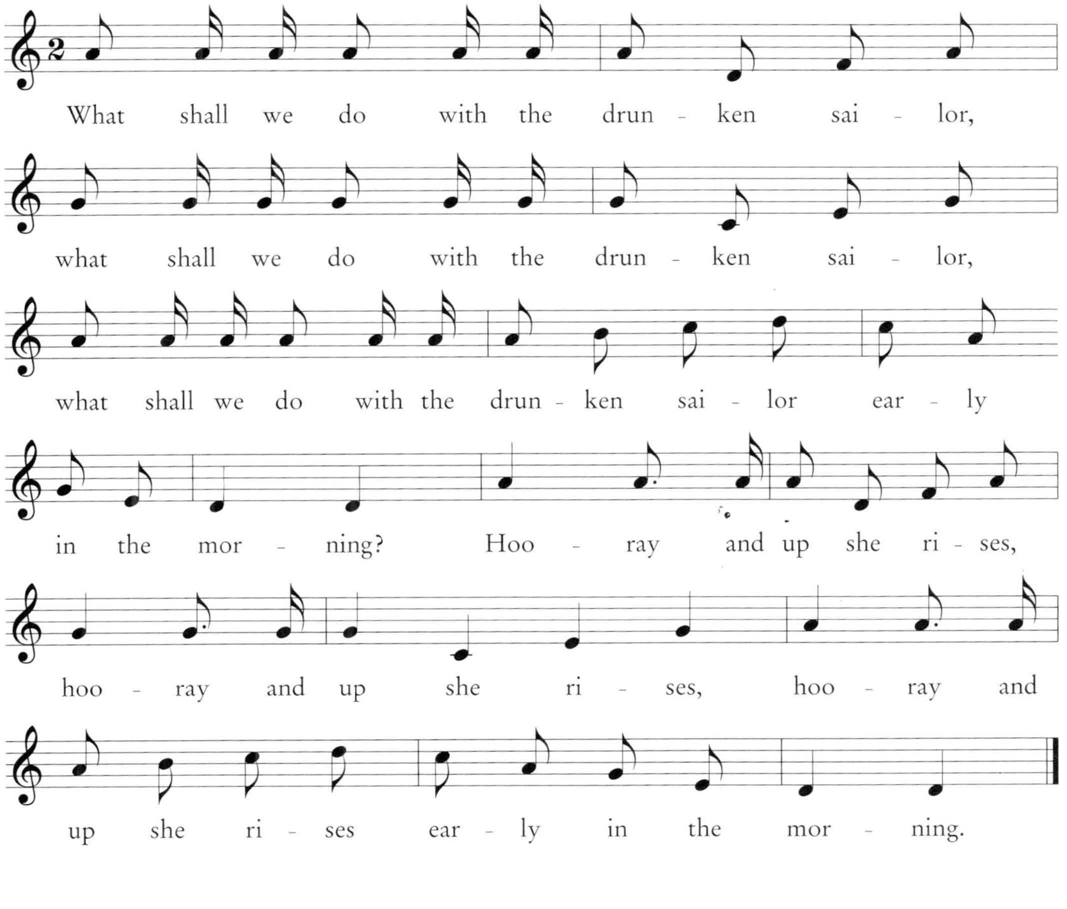

Antrieb aus Jazz und Popmusik

Antrieb aus Jazz und Popmusik

Energie durch Evergreens im Swing-Rhythmus

Beispiel 41 »How High The Moon«
Jazzquartett der Hochschule für Musik und Theater Hamburg:
Thorsten Maaß, Trompete
Burkhard Braune, Klavier
Frank Skriptschinski, Baß
Björn Lüker, Schlagzeug

Diese berühmte Evergreen-Melodie entfaltet ihren antriebsfördernden Reiz nicht nur durch die aparte Harmonik, sondern auch durch die Struktur der Melodie, deren Kennzeichen sind:
- auftaktige Quarte des Motivanfangs, die Antriebsimpuls und Sicherheitsgefühl zugleich vermittelt,
- der melodische Vorhalt, der synkopisch aufgelöst wird, wodurch eine doppelte Wirkung entsteht,
- die Sequenzierung dieses Motivs nach dem »Sekundganggesetz«,
- der Wechsel von Dur- und Moll-Terz als Höhepunkt und Schlußton des Motivs.

Der besondere therapeutische Effekt dieses Beispiels liegt nicht nur in der melodischen, harmonischen und formalen Struktur der Melodie, sondern vor allem in der lebendigen und originellen Improvisation mit »Chorussen« der vier Instrumente.

Beispiel 42 »Lullaby Of Birdland«
Jazzquartett der Hochschule für Musik und Theater Hamburg

Auch diese weltberühmte Evergreen-Melodie entfaltet ihre besonderen Reize durch die originelle melodische, harmonische und formale Struktur. Antriebsfördernd wirken folgende Elemente:
- eingängige Gestaltung der ersten 6 Töne des Melodieanfangs: stufenweise abfallendes Durchschreiten des Quintraumes,
- sekundgängige Gestaltung des Mittelteils der Melodie (Sekundganggesetz), der außerdem eine intervallische Evolution aufweist,
- Synkope (off beat) als rhythmisch prägendes Element der Melodie,
- dreiteilige Form der Melodie mit Wiederkehr des A-Teils (Effekt der Wiedersehensfreude).

Auch hier liegt die besondere motivierende und stimmungsaufhellende Wirkung in der lebendigen und originellen Improvisation.

Beispiel 43 »Take The A-Train«
Jazzquartett der Hochschule für Musik und Theater Hamburg

Dieser bekannte und im Jazz beliebte Evergreen entfaltet seine antriebsfördernde Wirkung insbesondere durch:

- den Sextsprung als prägendes Intervall,
- das Sekundganggesetz als melodisches Prinzip,
- die Synkope (off beat) als rhythmisches Kennzeichen,
- die auffällige melodische Entwicklung mit rhythmischer Steigerung zum Ende des Themas hin.

Beispiel 44 »Take Five«
Jazzquartett der Hochschule für Musik und Theater Hamburg

Dieses berühmte Thema von Dave Brubeck gehört zu den originellsten der gesamten Jazzgeschichte: Sein besonderer Reiz liegt vor allem im Fünfertakt (Fünfvierteltakt), von dem man vorher nicht geglaubt hätte, daß er eine swingende Wirkung entfalten und sich für die Jazz-Improvisation eignen würde.
Auch dieses Thema ist wiederum dreiteilig gegliedert, wobei vom Mittelteil besondere emotionale und stimmungsauslösende Wirkungen ausgehen, nicht zuletzt durch die subdominantisch geprägte Harmonisierung, durch den Wechsel von Synkopen (in der 1. Takthälfte) und Punktierung (in der 2. Takthälfte), durch die Sequenzierung dieser eintaktigen Melodiephrase nach dem Sekundganggesetz (wodurch der Eindruck der Ordnung, Sicherheit, Geborgenheit als psychisch stabilisierender Faktor vermittelt wird).

Die antriebsfördernde Wirkung des 1. Melodieteils (A-Teils) beruht auf dem punktierten Rhythmus, der Chromatik (c-cis-d-cis-c), der ostinatoartig wiederkehrenden Akkordfolge (Gm - Dm^7), die - ähnlich wie beim Bolero von Ravel - einen suggestiv-pendelnden Effekt auslöst und damit eine besondere antriebsfördernde und zugleich entspannende, psychisch-stabilisierende therapeutische Bedeutung gewinnt.

Die ungewöhnlich antriebsfördernde Wirkung des Fünfvierteltaktes beruht auf seiner Binnengliederung in einen Dreier- und einen Zweierkomplex. Dadurch wechselt das kreisende, schwingende, harmonisierende Dreier-Takt-Prinzip mit dem geradtaktigen Zweier-Takt-Prinzip ab, wobei die beiden letzten Zählzeiten des 5/4-Taktes auftaktig, »anschiebend« wirken. Dieses Hin- und Herpendeln zwischen zwei rhythmisch-metrischen Prinzipien führt zu einer ungewöhnlichen bewegungsmäßigen Lebendigkeit und Flexibilität.
Diese Momente können therapeutisch ideal genutzt werden, besonders bei Patienten, für die der Jazz lebensgeschichtlich eine große Rolle spielt und mit positiven Assoziationen verknüpft ist. Für viele Hörer und Patienten verbindet sich gerade diese Melodie mit assoziativen Schlüsselerlebnissen, besonderen Ereignissen und Erinnerungen ihres Lebens.

Antriebsförderung maßgeschneidert: »Tea For Two«

Dies gilt noch stärker für den Evergreen »Tea For Two« aus dem Musical »No, No Nanette« (Musik von Irving Caesar).
Die 1925 am Broadway uraufgeführte Melodie schlug »wie eine Bombe« ein und wurde zu einem der weltweit beliebtesten Evergreens überhaupt. Er spielt bis heute eine herausragende Rolle, wie die Statistiken zeigen.
Besonders für Patienten der Jahrgänge 1910 bis 1935 ist diese Melodie mit lebensgeschichtlichen Assoziationen verknüpft, und zwar je nach Alter in verschiedenen rhythmischen Versionen.
Die folgenden Beispiele, d.h. die verschiedenen rhythmischen Tanzversionen des Evergreens »Tea For Two«, sollen zeigen, wie Stellenwert und Funktion bestimmter musikalischer Strukturen, Stil-Genres, Idiome und Kompositionen innerhalb der Sozialisation und Persönlichkeitsentwicklung ihre jeweilige therapeutische Wirkung bestimmen.
Wichtig ist dabei, durch musikalische »Anamnese« zu ermitteln, wann ein Patient eine bestimmte Melodie (in diesem Fall »Tea For Two«) in welcher Version besonders intensiv erlebt hat und deshalb bestimmte Erinnerungen damit verknüpft.
Als Lebensphase besonderer Erlebnis- und Eindrucksfähigkeit hat sich immer wieder die Pubertät erwiesen: Melodien, die in dieser Zeit zu den Lieblingsstücken des Patienten gehörten, wirken das ganze Leben lang besonders intensiv und lösen starke antriebsfördernde und motivierende Energien aus.
Bezogen auf »Tea For Two« konnten wir z.B. feststellen, daß Patienten des Jahrgangs 1910 die Originalfassung im Foxtrott-Rhythmus favorisierten, Patienten der Jahrgänge 1920 bis 1930 die Swing-Version bevorzugten usw..
Jede der folgenden Fassungen spricht also bestimmte Jahrgänge besonders an, je nachdem, welche Version des Evergreens zur Zeit der Pubertät eine Rolle spielte. Hierfür ist - wie gesagt - eine gründliche musikalische Anamnese, unter Umständen mit Befragung der Angehörigen, erforderlich.

Der ungewöhnliche Erfolg des Evergreens »Tea For Two« beruht auf folgenden Strukturen, die besondere Antriebsenergien und Motivationsschübe auslösen:

- Einprägsamkeit und leichtes Erinnern des nur drei verschiedene Töne und sieben Noten umfassenden Hauptmotivs, das in sich wiederum eine Motivwiederholung birgt: Dieses »Binnenmotiv« umfaßt drei Töne (as, f, g).
- Zweimalige Wiederholung dieses gesamten Motivs, wobei die zweite Wiederholung nach dem »Gesetz der wachsenden Glieder« erweitert wird und mit dem überraschenden aufsteigenden Sextsprung endet, verbunden mit einem ebenfalls überraschend langen Notenwert.
- Modulation im Anschluß an diesen Sextsprung von As-Dur nach C-Dur: In dieser unerwarteten Tonart erklingt die gesamte Motiv-Sequenz noch einmal (der Tonart entsprechend eine Terz höher). Im Anschluß an den Sextsprung moduliert die Melodie zurück nach As-Dur.
- Die Eindringlichkeit und antriebsfördernde Wirkung der Melodie entsteht rhythmisch durch die wiederholte Punktierung vor dem Hintergrund des motorisch pulsierenden Foxtrott-

Rhythmus. Wie der experimentelle Vergleich zeigt, hätte diese Melodie eine erheblich geringere antriebsfördernde und verhaltensauslösende Wirkung, wenn diese Punktierung entfallen würde.

- Besonderes melodisches Antriebselement ist der »abgebogene Leitton«, d.h. die melodische siebente Stufe der Dur-Tonleiter, die nicht, wie es der ursprünglichen Energetik der Dur-Skala entspricht, aufwärts in den oberen Grundton geführt, also aufgelöst, sondern nach unten »abgebogen« wird.
- Dieser »abgebogene Leitton« tritt in der ersten Melodiephrase (vor der Modulation nach C-Dur) nicht weniger als sechsmal an exponierter Stelle auf. Hier liegt eins der Geheimnisse des großen Erfolges dieses Evergreens.
- Zu den Erfolgsfaktoren gehört auch die aparte, durch Septakkorde geprägte Harmonik, die die Reizwirkung des »abgebogenen Leittons« unterstützt.

Beispiel 45.1 Original-Foxtrott-Version
Alle »Tea For Two«-Versionen werden gespielt von
Hermann Rauhe, Klavier
Björn Lüker, Schlagzeug

Unsere Folge verschiedener Versionen dieses Evergreens beginnt mit dem Foxtrott.
Ich habe diese Version bewußt so gespielt, wie sie in der neurologischen Rehabilitation von Schlaganfallpatienten wiederholt besondere Erfolge zeitigte, d.h. mit antreibender Agogik und Tempobeschleunigung. Entsprechendes gilt auch für die folgenden Versionen.

Beispiel 45.2 Swing-Version

Diese Version zeigte eine besondere antriebsfördernde und zugleich entspannende Wirkung bei Patienten der Jahrgänge 1920 bis 1930, die während ihrer Pubertät (etwa 1935 bis 1945) mit Begeisterung Jazz gehört oder gespielt haben. Hierzu gehören auch die Mitglieder der »Swing-Jugend«, die in Hamburg diese von den Nationalsozialisten verbotene Musik als Symbol ihres stillen Protestes gegen die Hitler-Diktatur benutzten. Für diese Menschen verknüpft sich mit dieser Musik ein starkes jugendliches Erleben und Gemeinschaftsgefühl im solidarischen Widerstand gegen die Machtherrschaft der Nazis.
Als antriebsfördernder Faktor wirkt hier jenes Spannungsverhältnis zwischen metrisch-motorisch pulsierendem Grundschlag (beat) und der rhythmischen Gestaltung der Melodie.

Die antreibende Tempogestaltung und Phrasierung dieser Interpretation ist gewollt, weil sie eine besondere therapeutische Funktion gewinnt (selbst wenn sie für den professionellen Jazz-Musiker als »zu gehetzt« erscheinen mag).

Beispiel 45.3 Rumba-Version

Für die Freunde dieses Tanzes, der sich für viele mit eindrucksvollen Jugenderlebnissen verknüpft, ist diese Version als Hilfe zur Heilung besonders gut geeignet, wie die klinische Erfahrung zeigt.
Von dem Rumba-Rhythmus gehen ohnehin starke vegetativ-motorische Impulse aus, die gerade Schlaganfallpatienten mit motorischen Ausfällen in der Rehabilitation helfen.

Beispiel 45.4 Slow Waltz-Version

Für Liebhaber des Langsamen Walzers (Slow Waltz) gehen von dieser Version besonders starke gefühlsauslösende, psychisch stabilisierende und antriebsfördernde Impulse aus.
Der Vorzug dieses schwingenden, pendelnden Tanzes liegt in der kreisenden Bewegung des Dreierrhythmus, die ohnehin harmonisierend und ausgleichend wirkt.
Hinzu treten lebensgeschichtlich bedingte Assoziationen, die an glückliche Zeiten jugendlicher Frische und Gesundheit erinnern und den Patienten deshalb in eine positive Stimmung versetzen.

Beispiel 45.5 Tango-Version

Gerade dieser Tanz verbindet sich für viele (insbesondere männliche) Hörer und Patienten mit Vitalität, Optimismus, Temperament, Liebe und Zuneigung: So konnte ein sechzigjähriger Patient, der ein begeisterter Tango-Tänzer war, u.a. durch diese Version allmählich seine Bewegungsfähigkeit wieder erlangen (vgl. auch unten Beispiel 47 »O Donna Clara«).
Beim Einsatz dieser Version (wie auch der übrigen Versionen) muß der Therapeut genau auf die Lautstärke und Häufigkeit des Vorspielens achten, damit keine Überforderung des Rehabilitanden entsteht.
Am besten sitzt der Therapeut selber am Klavier, spielt und beobachtet den Patienten und seine Reaktionen. Tempo, Dynamik, Lautstärke, Phrasierung, Artikulation, Tonhöhe und Harmonisierung (Klaviersatz) müssen sich genau an den jeweiligen Reaktionen des sich bewegenden Patinten orientieren, der gleichzeitig von einer/m Krankengymnastin/ten angeleitet und betreut wird.
Mit einer derartig gezielten, individuell abgestimmten Therapie lassen sich optimale Heilerfolge in der neurologischen Rehabilitation erzielen. Allerdings ist dieser Aufwand personell, räumlich und zeitlich nur in wenigen Fällen zu verwirklichen. So fehlt es z.B. immer noch an Musiktherapeuten, die in den Kliniken arbeiten können und mit den Ärzten (Neurologen) und Krankengymnastinnen ein Team bilden.

Beispiel 45.6 Wiener Walzer-Version

Der besondere therapeutische Faktor dieser Version liegt in dem harmonischen Kreisen und Schwingen des Walzer-Rhythmus.
Gerade der Wiener Walzer verknüpft sich für viele Patienten (auch Nichtösterreicher) mit seligen Erinnerungen an schöne Jugendzeiten, in denen man oft Walzer getanzt hat.
Besonders für die »ältere Generation« ist dieser Tanz Symbol für festliche Ereignisse, frohe Stunden und intensive positive Erlebnisse, die das eigene Leben geprägt haben.

Ein Motiv motiviert

Wie das Wort Motiv (von movere = bewegen) etymologisch zum Ausdruck bringt, gehen von ihm Bewegungsimpulse aus. Diese können therapeutisch gezielt genutzt werden.
Motive, die den Erfolg eines Hits bewirkt haben, weil sie »unter die Haut« und »in die Beine« gehen, besitzen zugleich eine besondere antriebsfördernde und motivierende therapeutische Funktion.
Deshalb ist es sinnvoll, gerade populäre Musikstücke in der Therapie zu verwenden. Als ein Beispiel von vielen greife ich den Evergreen »Strangers In The Night« von Bert Kaempfert auf. Diese Melodie wurde durch Frank Sinatra und den Universal-Film »Willkommen Mister B.« weltbekannt und gehört immer noch zu den am meisten gespielten Evergreens.

Beispiel 46 »Strangers In The Night«
Hermann Rauhe, Klavier

Der ungewöhnliche Erfolg wie die damit zusammenhängende besondere antriebsfördernde Wirkung dieser Melodie geht von folgenden Faktoren aus:

- Die Keimzelle der Melodie besteht aus zwei Tönen, die hin- und herpendeln: Sie sind besonders einprägsam.
- Die beiden Töne sind lebendig rhythmisiert, wobei der zweite Ton als None stehen bleibt, bevor das auftaktige zweite Kurzmotiv folgt, das bis zur Terz (dritten Tonstufe) weiterpendelt.
- Diese aus zwei Kurzmotiven (je 5 Töne umfassend) gebildete Melodiephrase wird nun zweimal jeweils einen Ton tiefer nach dem »Sekundganggesetz« wiederholt (Sequenz), wobei die zweite Wiederholung eine Erweiterung der Melodiephrase nach dem »Gesetz der wachsenden Glieder« bringt: Die befreiende Wirkung dieses Vorganges wird durch den aufsteigenden Sextsprung verstärkt, der selbst den trägsten Hörer und Patienten »vom Stuhl reißt«.
- Nach diesem Sextsprung wird die gesamte Sequenz (die aus dem dreimaligen Auftreten der zehntönigen Melodiephrase besteht) einen Ton höher wiederholt: Ich nenne dieses Phänomen eine »potenzierte Sequenz«, weil der sequenzierte Melodieteil selber schon aus einer Sequenz besteht.
  Solche »potenzierten Sequenzen« (die in kunstvoller Form auch für viele Barockwerke

charakteristisch sind) besitzen eine besonders starke antriebsfördernde und zugleich psychisch stabilisierende, stimmungserhellende Funktion.

- Dem ersten Melodieteil (bestehend aus einer potenzierten Sequenz) folgt ein Mittelteil (B-Teil), der das rhythmische Kopfmotiv aufgreift und modifiziert.
  Im Anschluß an diesen B-Teil wird der A-Teil wiederholt: Von dieser Wiederholung geht eine besondere verhaltensauslösende Wirkung aus, ein »Wiedersehenseffekt«: Der Hörer freut sich, einen »alten Bekannten« wiederzusehen. Mit diesem Effekt ist gleichzeitig die Vermittlung von Geborgenheit und Überwindung der Einsamkeit verbunden.

Auch bei dieser Interpretation habe ich aus therapeutischen Gründen eine bewußt agogische, mit rhythmischen Schwankungen versehene Spielweise gewählt.

Musikalische Erinnerungen, die das Leben schrieb

Beispiel 47 »O Donna Clara«
Joachim Kuntzsch, Gesang und Klavier

Die klinischen Erfahrungen mit dieser Melodie, über die Robert-Charles Behrend immer wieder berichtet hat, mögen stellvertretend stehen für den Einsatz von Musik in der neurologischen Rehabilitation von Schlaganfallpatienten:
1975 wurde ein sechzigjähriger Offizier in die Rehabilitationsklinik eingeliefert, der einen Schlaganfall erlitten hatte. Er war 1915 geboren, hatte seine Pubertät etwa ab 1928 erlebt und offensichtlich während dieser Phase erhöhter seelischer und musikalischer Sensibilität und Eindrucksfähigkeit die Melodie »O Donna Clara« kennengelernt (die 1930 entstanden war). Da er leidenschaftlicher Tango-Tänzer war, wurde sie zu seiner Lieblingsmelodie, nach der er oft tanzte.
Der fanfarenartige Charakter dieser Melodie (aufsteigender Dreiklang der Schlagzeile »O Donna Clara«) entsprach seinen schon damals vorhandenen soldatischen Interessen und seiner Vorliebe für martialische Rhythmen.
Professor Behrend bat den ihn in der Rehabilitation begleitenden Pianisten (Dr. Arthur Radtke) um eine entsprechende marschmäßige, »zackige«, rhythmisch pointierte Interpretation.
Dieses Stück bewirkte wahre Wunder. Die halbseitige Lähmung, die zunächst trotz aller krankengymnastischen und therapeutischen Bemühungen unüberwindlich zu sein schien,

konnte durch die motorisch-vegetativen Impulse dieser Melodie langsam und schrittweise durch zäh wiederholtes Üben überwunden werden.
Dabei spielte zunächst die lebensgeschichtliche Bedeutung dieser Melodie eine Rolle, deren Assoziationen den Patienten in frohe Jugendzeiten zurückversetzte, nicht zuletzt durch den Text dieses Schlagerhits:

> O Donna Clara, ich hab' dich tanzen geseh'n,
> und deine Schönheit hat mich toll gemacht!
>
> Ich hab' im Traume dich dann im Ganzen geseh'n,
> das hat das Maß der Liebe vollgemacht!
>
> Bei jedem Schritte und Tritte
> biegt sich dein Körper
> genau in der Mitte,
> und herrlich, gefährlich
> sind deine Füße, du Süße, zu seh'n.
>
> O Donna Clara, ich hab' dich tanzen geseh'n,
> o Donna Clara, du bist wunderschön!

Zu diesen Assoziationen treten folgende antriebsfördernde und stimmungsaufhellende Faktoren:
- der bereits genannte aufsteigende Dreiklang,
- die Synkope im dritten Takt auf »tanzen geseh'n«, die vor dem Hintergrund des Tango-Rhythmus besonders verhaltensauslösend wirkt,
- der appellative Rhythmus an der Stelle »toll gemacht«! (Takt 7): Seine Wirkung besteht in der bewußten Verkürzung der ersten beiden Noten dieses Taktes, die gleichzeitg zu einer Art Synkopierung führt.
- Besonders tangospezifische motorisch-vegetative Impulse gehen von der Stelle »bei jedem Schritte und Tritte biegt sich dein Körper genau in der Mitte« aus.
- Diese Wirkung wird durch die Sequenz (Wiederholung einen Ton tiefer bei der Stelle »und herrlich, gefährlich sind deine Füße, du Süße, zu seh'n«) weiterhin verstärkt.
- Zu den antriebsfördernden Wirkungselementen dieses Melodieteils gehören die melodischen Vorhalte und Synkopen sowie das Crescendo am Ende, das spannungsvoll in die Wiederkehr der Schlagzeile »O Donna Clara« führt: Diese Wiederkehr löst - dem »Wiedersehenseffekt« entsprechend - einen fast unübertrefflichen Bewegungsimpuls aus.

Wichtig für den gezielten Einsatz dieser Melodie war das bewußt langsame Tempo am Anfang, das erst im Verlaufe der fortschreitenden Rehabilitation gesteigert werden konnte.

Die Interpretation von Joachim Kuntzsch in unserem Musikbeispiel zielt weniger auf das Auslösen motorisch-vegetativer Impulse als auf die psychische Stimmungsverbesserung des Patienten infolge lebensgeschichtlicher Assoziationen: Er betont in seiner Wiedergabe bewußt die textliche Aussprache, damit sich die Wirkung der assoziativen Schlüsselbegriffe beim Patienten besser entfalten kann.

Beispiel 48 »Rote Rosen, rote Lippen, roter Wein«
Joachim Kuntzsch, Gesang und Klavier

Entsprechendes gilt auch für diesen Evergreen, mit dem sich für viele Hörer und Patienten musikalische Erinnerungen verknüpfen, die das Leben schrieb.
Auch hier geht es um eine Reihe assoziativer Schlüsselbegriffe (rote Rosen, rote Lippen, roter Wein, Italiens blaues Meer im Sonnenschein, Sterne, Nacht, Welt, sinkende Sonne, große Macht der Liebe), von denen eine starke emotionale Wirkung ausgeht. Diese läßt sich gezielt in ein therapeutisches Behandlungskonzept einbauen, das dem Patienten eine positive Befindlichkeit vermitteln möchte.
Durch die bewußt agogische, am Text orientierte, sensible und hintergründige Interpretationsweise von Joachim Kuntzsch wird diese Intention unterstrichen.

Für die Antriebsförderung sind folgende musikalische Strukturen wichtig:
- der aufsteigende Sextsprung auf dem Wort »Rosen« in Verbindung mit einer Punktierung,
- exponierter Vorhalt auf »Lippen« wiederum in Verbindung mit einer Punktierung,
- abgebogener Leitton, der in die Subdominante führt bei »roter Wein«,
- Wiederholung des anapästischen Motivs der Schlagzeile »Rote Rosen, rote Lippen, roter Wein« als Sequenz im Sekundabstand,
- wiederholtes exponiertes Auftreten der Subdominante.
- Besonders der dritte Teil der Melodie wird vom »abgebogenen Leitton« als Vorhalt zur Subdominant-Terz geprägt (»Und wenn die Sterne steh'n« und »Denn wenn die Sonne sinkt«).
- Weiteres charakteristisches Element dieses zweiten Melodieteils ist die sekundgängige Sequenz des Hauptmotivs »Doch wenn die Sterne steh'n«.
- Auch der erste Melodieteil auf den Text »Sind die weißen Segel gesetzt? Fahren wir jetzt, fahren wir jetzt?« ist als sekundgängige Sequenz gebaut, wobei das wiederkehrende Motiv durch seinen punktierten und synkopischen Rhythmus und die fallende Quarte besondere antriebsfördernde Bedeutung gewinnt.

Beispiel 49 »Schöner Gigolo«
Joachim Kuntzsch, Gesang und Klavier

Dies ist das Paradebeispiel für eine Musik, mit der sich der geplagte und depressive Patient identifizieren kann: Auch er denkt an die seligen Zeiten, in denen er noch gesund, vital und bewegungsfähig war, im Vollbesitz seiner Kräfte, so wie der schöne, arme Gigolo von seinen alten Zeiten träumt:

Der kleine Leutnant, er war der beste Reiter,
und alle Herzen, die flogen ihm gleich zu.

Er konnte küssen und tanzen wie kein zweiter,
er kam und sah und siegte auch im Nu.

... jetzt ist ihm nichts mehr
geblieben: Er wurde Gigolo.

Schöner Gigolo, armer Gigolo,
denke nicht mehr an die Zeiten,
wo du als Husar,
goldverschnürt sogar,
konntest durch die Straßen reiten.
Uniform passé,
Liebchen sagt ade,
schöne Welt du gingst in Fransen.
Wenn das Herz dir auch bricht,
zeig ein lachendes Gesicht ...

Die Wirkung der Melodie beruht im Refrain u.a. auf der potenzierten Sequenz (wie ich sie im Beispiel 46 »Strangers In The Night« beschrieb). Der Höhepunkt der Melodie (bei der dritten Wiederholung der Melodiephrase) wird durch die subdominantische Harmonie unterstützt. Der Tango-Rhythmus wirkt als weiteres antriebsförderndes Element.

Die Melodie der »Verse« (des wechselnden Strophenteils) wirkt u.a. durch:
- den punktierten Rhythmus,
- die Synkopen (auf »Reiter«, »zweiter« usw.),
- den exponierten, auf betontem Taktteil (auf der 1. Zählzeit) liegenden »abgebogenen Leitton«, auf »Leutnant«, »Herzen« usw.,
- den Sextsprung bei »und alle Herzen, sie flogen ihm gleich zu«.

Beispiel 50 »Kauf dir einen bunten Luftballon«
Joachim Kuntzsch, Gesang und Klavier

Auch hier geht es wieder um musikalische Erinnerungen, die das Leben schrieb: Der Luftballon als Symbol unbeschwerter Kindheit:

Als du noch klein warst, denk' nur zurück,
war so ein Luftballon dein höchstes Glück.
Siehst du heut' einen im Winde weh'n,
sollst du nicht achtlos dran vorübergeh'n.

Refrain:
Drum kauf dir einen bunten Luftballon,
nimm ihn fest in deine Hand,
stell' dir vor, er fliegt mit dir davon,
in ein fernes Märchenland.
Kauf dir einen bunten Luftballon,
hellblau, lila oder grün,
und er wird dich, eh du's denkst, zum Lohn,
in das Land der Träume zieh'n.
Über Wolken, wo die Sonne thront
und der blaue Himmel lacht,
zum Märchenschloß, gleich hinterm Mond,
wo ein Prinz dich traumhaft glücklich macht.
Drum kauf dir einen bunten Luftballon
und mit etwas Phantasie
fliegst du in das Land der Illusion
und bist glücklich wie noch nie ...

Verse:
Es kommt im Leben oft der Moment,
wo man vor Wut fast aus der Haut fahr'n könnt'!
Dann denkt man manchmal: Ach wär' das schön,
wie ein Ballon jetzt in die Luft zu geh'n!

Refrain:
D'rum kauf dir einen bunten Luftballon ...

Diese Melodie drückt das an Wünschen und Sehnsüchten aus, was der leidgeplagte Patient empfindet. Er wird aus der Sackgasse seiner Situation, die ihn oft in die Depression treibt, durch diese Melodie wenigstens temporär entführt in eine Traumwelt des Märchens und der Illusion. Dadurch kann er seine Lage besser ertragen.
Diese Musik gewinnt aber nicht nur eine Art psychopharmakologische beruhigende, angstmindernde Funktion, sondern entfaltet darüber hinaus auch echte antriebsfördernde und motivierende Wirkungen.
An das Symbol des Luftballons knüpft sich die Assoziation von Freiheit, Befreiung.

Dieser befreiende Effekt kann Impulse vermitteln, die den Patienten schrittweise aus der Depression und psychischen Gedrücktheit herausführen (s. meine Ausführungen zu Beispiel 09: Mozarts g-Moll-Sinfonie). So wie in der Pädagogik Märchen eine wichtige Rolle spielen (vgl. die Untersuchungen von Bruno Bettelheim), so kann auch diese Melodie eine wesentliche therapeutische Funktion gewinnen. (Übrigens spielt dieser befreiende Effekt der psychischen Motivation auch bei Beispiel 47 »O Donna Clara« eine ähnliche Rolle.)

In der Musik lassen sich vor allem folgende wirksame Strukturelemente feststellen:

- der punktierte Rhythmus, der sich als antriebsförderndes Element durch die gesamte Melodie (Verse und Refrain) zieht,
- die Synkope als aktivierendes Element im Mittelteil des Refrains (»über Wolken« und »bis zum Märchenschloß«), der den befreienden Ausbruch aus der Realität symbolisiert (hier als »off beat« das Lösen vom taktgliedernden »beat«),
- der fallende Sextsprung bei »Wolken« und »Märchenschloß«,
- der aufsteigende Oktavsprung (mit anschließendem abfallendem Glissando im Septumfang) in Verbindung mit der Doppeldominante bei »Illusion«,
- der chromatische Durchgangston bei »Sonne thront« und »hinterm Mond«.

Beispiel 51 »Es war einmal ein treuer Husar« (Volksweise)
Joachim Kuntzsch, Gesang und Klavier

Diese ungewöhnlich beliebte, bei allen möglichen gesellschaftlichen Anlässen immer wieder mit Begeisterung gesungene Melodie wirkt durch folgende Strukturelemente:

- das konsequent durchgehaltene rhythmische Grundmotiv, bestehend aus drei halben Noten und einer verlängerten ganzen Note,
- die aktivierende Auftaktigkeit des durchgehenden Hauptmotivs,
- den abgebogenen Leitton auf betontem Taktteil bei »der liebt sein Mädchen« und »und noch viel mehr« und »die Liebe«,
- die subdominantische Harmonisierung des abgebogenen Leittones bei »und noch viel mehr« und »die Liebe«,
- die Hervorhebung der assoziativen Schlüsselbegriffe des Textes durch die eben genannten gefühlsauslösenden Strukturelemente,
- den pulsierenden, motorischen und verhaltensauslösenden Marschrhythmus, der mit dem Herzschlag korrespondiert (»magischer Uterus«).

Das Lied von der treuen Liebe weckt beim Hörer und Patienten positive Erinnerungen und Gefühle, die therapeutisch wirksam werden können:

Es war einmal ein treu'r Husar,
der liebt sein Mädchen ein ganzes Jahr,
ein ganzes Jahr und noch viel mehr,
die Liebe nahm kein Ende mehr.

Beispiel 52 »Auf Wiederseh'n« (Evergreen)
Joachim Kuntzsch, Gesang und Klavier

Diese »immergrüne« Schlagermelodie ist so beliebt, daß sie oft zum Abschluß gesellschaftlicher Ereignisse oder geselliger Zusammenkünfte gemeinsam gesungen wird.
Sie gehört zu den wenigen deutschsprachigen Schlagern, die international bekannt wurden.

Die popularitätsfördernden Strukturelemente sind es, die auch die therapeutische und helfende Wirkung ausmachen:

- die einprägsame, aus nur zwei Tönen bestehende Schlagzeile »Auf Wiederseh'n«
- der prägnante auftaktige, aktivierende Rhythmus,
- die mehrmalige Wiederholung dieser einprägsamen Schlagzeile jeweils einen Ton höher (Sekundganggesetz),
- das exponierte Auftreten der subdominantischen Harmonie auf den emotionalen Höhepunkten »denn ohne dich« und »nachher wird es« und »das Wiederseh'n«.

Das textliche Motiv von Abschied und Wiedersehen spielt im menschlichen Leben eine herausragende Rolle und weckt immer wieder besonders tiefe Gefühle: Hier liegt die Wirkung dieses Liedes, das außerdem in der Regel mit lebensgeschichtlich bedingten Assoziationen verknüpft ist.
Im Text gibt es eine Reihe assoziativer Schlüsselbegriffe, von denen eine starke emotionale Wirkung ausgeht.

Weil wir uns gut verstehen,
hab ich dich gar zu gern bei mir.
Leider mußt du schon gehen,
ein Wort zum Abschied sag ich dir:

Auf Wiederseh'n, auf Wiederseh'n,
bleib nicht so lange fort,
denn ohne dich ist's halb so schön,
darauf hast du mein Wort.

Auf Wiederseh'n, auf Wiederseh'n,
das eine glaube mir:
Nachher wird es nochmal so schön,
das Wiedersehen mit dir!

Wir können's oft nicht zeigen,
was unser Herz verschwiegen spricht.
Muß denn der Mund auch schweigen,
sagt doch das Herz: »Vergiß mich nicht«.

Auf Wiederseh'n, ...

Beispiel 53 »Ein Heller und ein Batzen« (Volksweise)
Joachim Kuntzsch, Gesang und Klavier

Dieses ungewöhnlich beliebte Lied wird immer wieder mit besonderer Begeisterung bei geselligen Zusammenkünften und Ereignissen gesungen.

Besonders engagiert und intensiv gesungen werden die folgenden therapeutisch wirksamen Strukturelemente:
- der aufsteigende Sextsprung bei »Ba-atzen«,
- der abgebogene Leitton auf betontem Taktteil bei »der Batzen ward zu Wein«,
- der aufsteigende Subdominantdreiklang bei »der Heller ward zu Wasser«,
- der punktierte Rhythmus bei »heido heida«,
- der steigende besonders exponierte Sextsprung am Ende der Melodie auf »heido«: Er ist fast ekstatisch und führt in seiner aktivierenden Wirkung zu dem »eskalierenden« absteigenden, eine Oktave umfassenden, durch einen durchlaufenden Achtelrhythmus geprägten »Melodieausbruch« bei »heida, ha, ha, ha, ha, ha, ha, ha,« der die Wiederholung dieses abschließenden Melodieteils auslöst,
- die gefühlsauslösende, in Kinderliedern, aber auch in der bekannten Weihnachtsmelodie »Stille Nacht, heilige Nacht« vorkommende melodische Formel so-la-so-mi (nach der Tonika do-Methode) zu Beginn des Refrains (»heidi, heido, heida«): Es handelt sich um die Folge von melodischer 5., 6., 5. und 3. Stufe.

Diese besonders wirksame popularitätsfördernde pentatonische Melodiefolge prägt auch das international bekannte Lied »We Shall Overcome«, das besonders in Amerika eine wichtige Rolle gespielt hat für die Bürgerrechtsbewegung (Überwindung der Rassendiskriminierung).

Beispiel 54

Es folgen nun 19 angespielte Beispiele für musikalische Erinnerungen, die das Leben schrieb: Je nach Erscheinungsjahr spielen diese Melodien für die Menschen der betreffenden Jahrgänge eine besondere therapeutische, helfende und heilende Rolle.
Es handelt sich um Erfolgsmelodien aus den Jahren 1959 bis 1988.

Beispiel 54.1 »Die Gitarre und das Meer« (Freddy Quinn, 1959)
(Polyphon 845 230-2)

Dieses und die folgenden 18 Beispiele sind der historisch wertvollen Sammlung »Die deutsche Single-Hitparade« entnommen, die über 30 Jahre Popmusikgeschehen in Deutschland (in Zusammenarbeit mit dem »Musikmarkt« und der »Media Control«) dokumentiert und eine Fundgrube für den Einsatz von Musik in der Therapie darstellt. (Polyphon 845 230)

Die antriebsfördernde Wirkung beruht u.a. auf:

- der Synkope zu Beginn der Melodie bei »Jimmy Brown«,
- dem aktivierenden südamerikanischen Beguine-Rhythmus, der Assoziationen einer faszinierenden, fernen Welt auslöst,
- dem chromatischen Halbton bei »das Herz war ihm so schwer«, der zu den verhaltensauslösenden Strukturelementen gehört,
- dem abgebogenen Leitton bei »lieben«, »doch ein and'rer kam daher« und »großen, fernen Welt«.

Diese aktivierenden, gefühlsauslösenden und motivierenden musikalischen Strukturelemente wirken im Verbund mit den korrespondierenden assoziativen Schlüsselbegriffen:

- Seemann; Herz (»das Herz war ihm so schwer«); Freunde; Mädchen; lieben; Trost; große, ferne Welt; »in den Armen hält«; »deren Liebe verlor«.

Mit Hilfe all dieser textlichen und musikalischen Wirkungselemente wird Freddy stilisiert als eine Leitfigur, mit der sich Millionen Menschen kollektiv identifizieren (18).
Er wird auf diese Weise (und durch seine Rolle in dem Film »Freddy, die Gitarre und das Meer«) zum Symbol des einsamen Seemannes, in dem seine vielen Hörer und Verehrer ihre geheime Abenteuerlust, ihre Sehnsucht in die Ferne, ihre Heimatliebe, ihre enttäuschte Liebe und ihre Einsamkeit wiederfinden (19).
Das »Symbol« Freddy wird verstärkt durch das Symbol des Meeres, das für Weite ebenso steht wie für Bedrohung, und das Symbol der Gitarre (als besonders beliebtes volkstümliches Instrument): Sie sind seine beiden »Freunde«, die sowohl ihm Trost spenden als auch den Hörern dieser Aufnahme, sofern sie eine lebensgeschichtlich bedingte Beziehung zu diesem seinerzeit spektakulären Erfolgstitel haben.

Beispiel 54.2 »Am Tag, als der Regen kam« (Dalida, 1959)

Wichtigste Strukturelemente der Musik von Gilbert Bécaud, dem berühmten Chanson-Interpreten, sind:

- Triolen-Rhythmus der Begleitung in Spannung zur Punktierung der Melodie,
- punktierter Rhythmus der Melodie im alternierenden Wechsel mit Triolen,
- harmonischer Wechsel Tonika-Subdominante-Tonika (plagale »sakrale« Kadenz, Anklang an Blueskadenz),
- fanfarenartiger, dreiklanggeprägter Melodieanfang »Am Tag, als der Regen kam«.

Folgende Bilder, Symbole, Metaphern und assoziative Schlüsselbegriffe des Textes sind therapeutisch besonders wirksam:

- lang ersehnter Regen auf die trockenen, glühenden Felder und durstigen Wälder,
- Erblühen der Bäume,
- Erwachen der Träume,

- das Ereignis »Da kamst Du!«,
- Einsamkeit im fremden Land mit der verbrannten Erde,
- das Gefühl: »überall nur Leid und Einsamkeit«,
- Sehnsucht nach der Geliebten: »und Du, so weit«,
- »Und als endlich dann der Regen rann, fing auch für mich das Leben an«.

Beispiel 54.3 »Tschau, tschau Bambina«
(Originaltext: »Ciao, ciao Bambina)
(Caterina Valente, 1959)

Musikalische Strukturelemente sind u.a.:
- rhythmisch gedehnte, auf jedem Einzelton verweilende Gestaltung des Refrainbeginns, die eine besonders starke verhaltensauslösende, aktivierende Wirkung hervorruft,
- sekundgängige Gestaltung der Melodie,
- dominierende Rolle der gefühlsbesetzten, aktivierenden 7. und 6. Tonstufe,
- Wiederkehr eines rhythmischen Schemas (Motivs),
- pentatonische Melodieformel zu Beginn bei: »Hörst du das Rauschen der Bäume im Wind«.

Der Text wirkt u.a. durch folgende Bilder und assoziative Schlüsselbegriffe:
- Rauschen der Bäume im Wind,
- »der Himmel weint Tränen um unsere Liebe«,
- Abschied,
- »regnet auf unser Glück«,
- »du darfst nicht weinen, für dich wird wieder die Sonne scheinen«,
- schöne Stunden,
- »es ist zu Ende«,
- »reich mir die Hände: Auf Wiederseh'n«.

Beispiel 54.4 »Marina« (Will Brandes, 1960)

Mit dieser seinerzeit ungewöhnlich erfolgreichen Melodie konnten in der neurologischen Rehabilitation erste positive Erfahrungen hinsichtlich der Antriebsförderung gemacht werden; diese beruht u.a. auf:
- dem südamerikanischen Tanzrhythmus (Samba),
- der permanenten Wiederkehr eines kurzen, prägnanten auftaktigen Rhythmus (»Marina«), der die Schlagzeile prägt und starken Aufforderungscharakter besitzt,
- der dreiklangsgebundenen Melodieführung, die den Vertrautheitseffekt hervorruft,
- der rhythmisch bewegteren Gestaltung des zweiten Teils der Melodie.

Beispiel 54.5 »Ein Schiff wird kommen« (Lale Andersen, 1960)

Die populäre Melodie wirkt u.a. durch folgende Strukturelemente:
- abgebogener Leitton an exponierten Stellen, z.B. »einen«, »glücklich«, »erfüllen«, »mancher«,
- sekundgängige Gestaltung der Melodie, die Sicherheit und Geborgenheit vermittelt,
- antriebsfördernder Rhythmus durch bewegte Achtel im Wechsel mit Halben und Vierteln,
- assoziative Schlüsselbegriffe im Text, u.a. im Refrain: Schiff, lieb', glücklich, Traum erfüllen, Sehnsucht stillen, Sehnsucht mancher Nacht und in den Versen: Hafen, Schiffe, Meer, Lachen der Matrosen, Küsse, Zauber, Abend, Kai, Schiffe aus Hongkong, Java, Chile und Shanghai ...

Refrain:
Ein Schiff wird kommen,
und das bringt mir den einen,
den ich so lieb' wie keinen
und der mich glücklich macht.

Ein Schiff wird kommen
und meinen Traum erfüllen
und meine Sehnsucht stillen,
die Sehnsucht mancher Nacht.

Beispiel 54.6 »Wir wollen niemals auseinandergeh'n« (Heidi Brühl, 1960)

Folgende musikalische Strukturen entfalten eine besondere Wirkung:
- »sakraler« Wechsel: Tonika-Subdominante-Tonika,
- abgebogener Leitton auf dem ersten melodischen Höhepunkt »mag auf der großen Welt«,
- subdominantische Harmonisierung auf dem zweiten melodischen Höhepunkt »unsre Welt bleibt so schön«,
- »potenzierter« Dreierrhythmus: 3/4-Takt und triolischer Rhythmus der Melodie,
- Quartsprung, der Sicherheit ausdrückt: »Wir wollen niemals auseinandergeh'n« (im Zusammenwirken mit plagaler »sakraler« Kadenz mit Subdominante).

Die Wirkung des Textes beruht u.a. auf folgenden assoziativen Schlüsselbegriffen:
- Sehnen der Menschen,
- Schmerz und Tränen,
- Scheiden und Meiden,
- Warten und Leiden,
- Liebe und Vertrauen,
- die ewigen Worte »mein Herz ist nur Dein«,
- »niemals auseinandergeh'n, zueinander steh'n«,
- »schöne Welt«.

Beispiel 54.7 »Wunderland bei Nacht« (Bert Kaempfert, 1960)

Zu den wirksamen musikalischen Strukturen dieser stimmungsvollen Trompetenmelodie (»Blues«) des erfolgreichen Komponisten und Orchesterleiters Bert Kaempfert (der auch »Strangers In The Night« schrieb) gehören u.a.:

- aufsteigende Dreiklangsbrechungen,
- punktierter Rhythmus,
- Betonung der gefühlsträchtigen Subdominante im Mittelteil (Takt 9 - 16),
- dreiteilige Dacapo-Form: Wiedersehensfreude bei der Wiederkehr des A-Teils,
- strahlender Trompetenklang, verstärkt durch Hallbeimischung.
- Die Solo-Trompete, in der sich viele einsame Hörer wiederfinden, wird in den Geborgenheit vermittelnden Orchesterklang integriert. Dadurch entsteht der Eingemeindungseffekt, den Kurt Blaukopf beschrieben hat (20). Er hilft vielen, diese Einsamkeit zu überwinden, indem sie sich symbolisch in den weichen Orchestersound als »magischen Uterus« hineinkuscheln und geborgen fühlen.

Beispiel 54.8 »Ramona« (Blue Diamonds, 1961)

Diese bekannte Evergreen-Melodie wirkt u.a. durch folgende musikalische Strukturelemente:
- Sextsprung zu Beginn des Refrains »Ramona«,
- Septsprung zu Anfang der Wiederholung der viertaktigen Schlagzeile des Refrains »Ramona, zum Abschied reich' ich Dir die Hand«.
- Durch die Aufeinanderfolge von Sext- und Septsprung entsteht eine Spannung und Erweiterung nach dem Gesetz der intervallischen Entwicklung, die sich mit einer Folge der betonten Töne im Sekundabstand (Sekundganggesetz) verbindet: diese vermittelt Vertrautheit, Sicherheit und Geborgenheit.
- Der B-Teil der Refrainmelodie zeigt ebenfalls eine ähnliche sekundgängige Struktur, diesmal in absteigender Folge der betonten Töne.
- Der viermal auftretende abgebogene Leitton verleiht dem B-Teil eine ungewöhnliche Emotionalität und Aktivierungskraft, die durch korrespondierende assoziative Schlüsselbegriffe des Textes verstärkt wird.
- Mit der Wiederholung des A-Teils tritt der motivierende Effekt der »Wiedersehensfreude« ein.

Beispiel 54.9 »La Paloma« (Freddy Quinn, 1961)

Die volkstümliche Melodie eines Seemannes (Matrosen) verknüpft sich für viele Menschen in aller Welt mit intensiven Erinnerungen und Erlebnissen, gewinnt also eine wichtige lebensgeschichtliche Bedeutung, die therapeutisch wirksam werden kann.

Eine motivierende und antriebsfördernde Wirkung geht außerdem von folgenden Merkmalen aus:

- Tango-Rhythmus der Melodie und Begleitung,
- abgebogener Leitton an verschiedenen exponierten Stellen der Melodie, u.a. bei »wehte ein frischer Wind«, »fliegt eine weiße Taube«, »mit ihr wird meine Seele«,
- chromatischer Wechselton am Anfang des Refrains bei »Auf Matrosen, ohe!«,
- Vorhalte bei »Taube« und »Seele«,
- Symbol der weißen Taube (Paloma), die die Seele des Seemanns verkörpert und allem Irdischen davonfliegt,
- eine Fülle weiterer Bilder, Symbole und assoziativer Schlüsselbegriffe wie Mutter, Kind, Wind, Trost, Meer, Sturm, See, Gedanken.

Beispiel 54.10 »Junge, komm bald wieder« (Freddy Quinn, 1963)

Die wirksamen musikalischen Strukturelemente dieser Erfolgsmelodie aus dem Musical »Heimweh nach St. Pauli« von Lothar Olias sind u.a.:

- eindringliche Wiederholung des Motivs »bald wieder«, das seine besondere Wirkung aus der Vorhaltigkeit und subdominantischen Harmonisierung (Folge Subdominante-Tonika) sowie aus der sarabandenartigen Betonung der punktierten 2. Zählzeit (»wieder«) bezieht,
- chromatischer Vorhalt bei »komm bald« und »fahr nie«,
- abgebogener Leitton bei »wieder« und »denk auch«,
- Subdominant-Dreiklang bei »Ich mach mir Sorgen«,
- Vorhalt bei »morgen« und »denk auch«,
- sekundgängiger Gesamtverlauf der Melodie: Die betonten Töne folgen im Abstand einer Sekunde (Sekundganggesetz). Dadurch entsteht der Eindruck der Vertrautheit, Sicherheit und Geborgenheit.

Beispiel 54.11 »Merci, Chérie« (Udo Jürgens, 1966)

Seit Udo Jürgens mit diesem Lied den Grand Prix d'Eurovision gewann, ist es in die Geschichte des deutschen Schlagers eingegangen. Die Wirkung dieser eindringlichen Melodie beruht u.a. auf folgenden Strukturmerkmalen:

- wortgezeugter Rhythmus der Melodie mit stark deklamatorischem, suggestivem Charakter: aktivierender Auftakt und motivierender schwingender Dreierrhythmus (Triolen),
- eindringliche Wiederholung eines zentralen Tones, der 3. Tonstufe a in der ersten Melodiezeile (»Merci, merci, merci ...«) und der 2. Tonstufe g in der zweiten Liedzeile (»Chérie, Chérie, uns're Liebe war schön«),
- sekundgängige Gestaltung der gesamten Melodie: Im ersten Teil folgen die betonten Töne im Sekundabstand abwärts, im zweiten Teil aufwärts und gipfeln im Höhepunkt »Liebe« (hohes f, das einen ganzen Takt lang ausgehalten wird). Danach geht es wieder abwärts vom c über b und a bis zum g,

- ausdrucksvoller Sextsprung bei »Chérie« am Ende des 1. Melodieteils in Verbindung mit dem Septakkord der Doppeldominante (G-Dur), mit Hilfe dessen die Melodie nach C-Dur moduliert.

Mit diesen musikalischen Merkmalen unterstützt der Komponist und Sänger die assoziativen Schlüsselbegriffe: In der 1. Strophe sind es u.a. »Chérie« (Liebling), Liebe, Glück, Meer, schön. In der 2. Strophe sind es u.a.: Adieu, Tränen, weh, Traum, weine nicht ...

Beispiel 54.12 »Immer wieder geht die Sonne auf« (Udo Jürgens, 1967)

Dieser Erfolgstitel wirkt u.a. durch:

- den exponierten Septsprung zu Beginn der Schlagzeile (»Denn immer, immer wieder geht die Sonne auf«),
- die Vorhaltigkeit des angesprungenen Tones (»immer« und »wieder«),
- die harmonische Unterstreichung des »Sonnenaufgangs« bei »Sonne auf« durch die Doppeldominante,
- die assoziativen Schlüsselbegriffe Traum, Liebe, Hoffnung, Herbstwind, Sonne, Licht: Sie sprechen bestimmte seelische Befindlichkeiten an, die über einen vorübergehenden Liebeskummer hinausreichen.

Dies gilt auch für die folgenden musikalischen Strukturmerkmale:

- das Moll des Strophenteils,
- den ostinaten, stets wiederkehrenden Viertelrhythmus in hoher Lage des Klaviers (ohne Baß), der Leere und Einsamkeit ausdrückt,
- die arrangementbedingte Steigerung (Streicher, Baß, Schlagzeug) im 2. Strophenteil: Sie gipfelt in der Kurzzeile »Vertrau' der Zeit«, einem auskomponierten »Doppelpunkt«. Hier blasen die Trompetenfanfaren mit dem rhythmisierten Quart-Sekund-Vorhalt die letzten Wolken weg und schaffen Raum für das strahlende Dur des Refrains:
  Dies artikuliert sich zuallererst mit dem klangstarken »Ah« des vollen Backgroundchores. Auf dessen Teppich wagt der Komponist und Interpret den oben genannten Septsprung im Vertrauen auf den unvermeidlichen Sonnenaufgang: Dieser musikalisch-textliche Vorgang ist ein gutes Beispiel für das Abholen eines traurigen, depressiven Hörers oder Patienten aus der Sackgasse seiner Melancholie und Bedrückung: Er fühlt sich verstanden in seiner Befindlichkeit und findet Trost in der Botschaft dieser Musik.
- Die reine Kadenz des Refrains drückt Zuversicht aus, ganz im Gegensatz zu der variablen Harmonik der Strophe, die das schicksalhafte Ungemach widerspiegelt.

Beispiel 54.13 »Mama« (Heintje, 1968)

Diese berühmte Melodie, die 1968 (in der Zeit der Schüler- und Studentenrevolte) vor allem viele Mütter in Begeisterung versetzte (weil sie in Heintje ihre Traumvorstellung von einem wohlerzogenen und dankbaren Jungen wiederfanden), entfaltet ihre Wirkung u.a. durch folgende Merkmale:

- die bewußt knabenhafte, »keusche« Interpretation von Heintje mit seiner strahlend klaren Kinderstimme als Symbol kindlicher Reinheit und enger Bindung an die Mutter,
- die vom Kinderlied her vertraute fallende Ruf-Terz »Mama«,
- weitere Terzen z.B. bei »Jungen weinen« und »dann denk' ich«,
- Synkopen u.a. bei »Kummer und Schmerz« (im Refrain) und bei »vergeh'n«, »wird der Jüngling ein Mann«, »von dir dann muß geh'n«,
- Wechsel zwischen Moll (Verse) und Dur (Refrain) sowie zwischen rhythmisch freier (Verse) und metrisch gebundener (Refrain) Interpretation.

Der Text enthält eine Fülle assoziativer Schlüsselbegriffe.

Er spricht die Wünsche der Mütter aus, daß die Söhne auch als Erwachsene für sie da sind; ihr Gefühl, daß keine Liebe und Verbindung tiefer ist als die der Mutter zum Sohn und daß die Gefühle des Sohnes mit den ihren korrespondieren und sie erwidern:

Verse:
Tage der Jugend vergehen,
schnell wird der Jüngling ein Mann,
Träume der Jugend verwehen,
dann fängt das Leben erst an.

Mama, ich will keine Tränen seh'n,
wenn ich von dir dann muß geh'n.

Refrain:
Mama, du sollst doch nicht um deinen Jungen weinen,
Mama, nun wird das Schicksal wieder uns vereinen.
Ich werd' es nie vergessen,
was ich an dir hab' besessen,
daß es auf Erden nur eine gibt,
die mich so heiß hat geliebt.

Mama, und bringt das Leben mir
auch Kummer und Schmerz,
dann denk' ich nur an dich,
es betet ja für mich,
oh Mama, dein Herz.

Beispiel 54.14 »Theo, wir fahr'n nach Lodz« (Vicky Leandros, 1974)

Der ungewöhnliche Erfolg dieses Titels und seine therapeutische Wirkung lassen sich u.a. auf folgende Merkmale zurückführen:

- Fanfarencharakter der dreiklangsgebundenen Melodie »Theo, wir fahr'n nach Lodz«.
- Sie beginnt mit dem aufsteigenden Quartsprung, der einen ausgeprägten Signalcharakter mit starker auffordernder Wirkung besitzt.
- Dieser Quartsprung wird motivisch verarbeitet durch rhythmische Steigerung: Punktierung und Achtelbewegung bei »steh auf, du faules Murmeltier« (mit starkem Aufforderungscharakter).
- Die Melodieabschnitte werden jeweils eine Terz tiefer wiederholt (Sequenz), prägen sich dadurch ein und steigern ihre antriebsfördernde Wirkung.
- Die Dehnung der beiden ersten Töne (»Theo«) verstärkt den Signal- und Aufforderungscharakter um so mehr, als die folgenden Töne (»wir fahr'n nach Lodz«) sich rhythmisch deutlich abheben (auftaktige Achtelbewegung mit antriebsfördernder Wirkung).
- Diese wird durch den anschließenden akzentuierten Akkordschlag noch gesteigert, der besonders bewegungsauslösend wirkt.
- Entsprechendes gilt für die letzten Töne vor Beginn des Refrains (»wir fahr'n nach«): Auch sie werden kräftig gedehnt (Fermaten) und steigern die bewegungsauslösende Wirkung des Refrains, der durch den folgenden aktivierenden Begleitrhythmus geprägt ist.
- Der auftaktig geklatschte Rhythmus vor Beginn und am Ende des Refrains löst motorisch-vegetative Impulse aus.
- Der Text wirkt durch sein Identifikationsangebot: »Das hält keiner aus, ich will hier raus!« und durch die befreiende Botschaft »Da kann ich leben, da bin ich frei und auch die Liebe ist mit dabei!« Außerdem enthält er eine Fülle wirksamer assoziativer Schlüsselbegriffe.

Beispiel 54.15 »Du kannst nicht immer siebzehn sein« (Chris Roberts, 1974)

Die Wirkung dieses Erfolgsschlagers beruht u.a. auf:
- dem aufsteigenden Sextsprung bei »Du kannst nicht i**mmer sieb**zehn sein«,
- dem fallenden Sextsprung bei »das kannst **du nicht**«,
- den Synkopen, die sich als rhythmisch prägendes, aktivierendes Moment durch die ganze Melodie ziehen,
- dem Vorhalt als weiterem ausdrucksstarkem melodischem Gestaltungsprinzip mit verhaltensauslösender Wirkung, z.B. bei »immer«, »kamst du«, »Leben«, »geben«, »Zeit mit dir« usw.,
- den chromatischen Durchgangstönen bei »dir **ver**spricht« und »Gitarr**en**klang«,
- der Dreiklangsmelodik zu Beginn der Vers-Melodie (Verse, d.h. Strophen) »**Du liebst Musik und Gi**tarrenklang« und »**Aber die Zeit geht so** schnell vorbei«.

Der Text spricht die Befindlichkeit und Bedürfnisse vieler älterer Menschen an, die sich durch ihn verstanden und getröstet fühlen.

Refrain:
Du kannst nicht immer siebzehn sein,
Liebling, das kannst du nicht.
Aber das Leben wird dir noch geben,
was es mit siebzehn dir verspricht.

Einmal da wirst du siebzig sein,
dann bin ich noch bei dir,
denn du wirst immer, immer geliebt von mir!

Verse:
1. Du liebst Musik und Gitarrenklang
und vom Lachen und Tanzen lebst du die ganzen Jahre schon,
aber die Zeit geht so schnell, so schnell vorbei
und ganz andere Dinge gibt es dann für uns zwei.

2. Schau in den Spiegel, wie schön du bist,
bist noch schön in den Jahren, wenn in den Haaren Silber ist.
Freu dich mit mir auf die schöne Zeit,
wenn der Sommer des Lebens Rosen streut.

Interlude:
Mit dir ist jeder Tag so wunderschön,
d'rum soll die Zeit mit dir so weitergeh'n.

Beispiel 54.16 »Ein bißchen Frieden« (Nicole, 1982)

Diese erfolgreiche Melodie von Ralph Siegel errang beim Grand Prix d'Eurovision 1982 den 1. Preis. Wichtige Merkmale ihres Erfolgs, die zugleich eine therapeutische Wirkung auslösen können, sind u.a.:

- der von Synkopen geprägte südamerikanische Rhythmus der Melodie und der Begleitung,
- insbesondere die jeweils um ein Achtel vorgezogene 1. Zählzeit (Synkope) der acht Takte des Refrains »Ein bißchen **Frie**den, ein bißchen **Son**ne für diese **Er**de, auf der wir **woh**nen, ein bißchen **Frie**den, ein bißchen **Freu**de, ein bißchen **Wär**me, das wünsch' ich mir«,
- die jeweils um ein Achtel vorgezogene 3. Zählzeit (Synkope) in den Versen »wie eine **Blu**me am Winterbe**ginn** und so ein **Feu**er im eisigen **Wind**, wie eine **Pu**ppe, die keiner mehr **mag**, fühl' ich mich an **man**chem Tag«.
- Diese Synkopen werden durch Anwendung des Gesetzes der intervallischen Entwicklung (Folge von Quarte, Quinte und Sexte) und des Sekundganggesetzes in einen Sicherheit und Geborgenheit vermittelnden Gesamtzusammenhang integriert.
- Die Synkopen werden außerdem in ihrer antriebsfördernden Wirkung unterstützt durch Sextsprünge bei »eisi**gen Wind**« (fallend), »ei**ne Pu**ppe« (steigend), »keiner **mehr mag**« (fallend) und »hoffe, **daß nichts** geschieht« (steigend).
- Die getragene, weit geschwungene Melodie des C-Teils (Solo), die sich als Kontrapunkt über dem vom Chor gesungenen Refrain (B-Teil: »Ein bißchen Frieden...«) entfaltet: »Singt mit mir ein kleines Lied, daß die Welt im Frieden lebt«; dadurch entsteht u.a. auch der Eingemeindungseffekt, der dem Hörer hilft, seine Einsamkeit zu überwinden.
- Die »Friedensbotschaft« des Textes, der außerdem eine Fülle assoziativer Schlüsselbegriffe enthält, u.a. Frieden, Sonne, Freude, Wärme, träumen, weinen, Hoffnung, Liebe, Blume, Winterbeginn, Feuer, eisiger Wind, Puppe, Wolken, Schreie der Vögel im Wind, Angst vor dem Dunkel, meine Lieder; ein Mädchen das sagt, was es fühlt; allein bin ich hilflos; Sturm.

Beispiel 54.17 »99 Luftballons« (Nena, 1983)

Dieser populäre Titel entfaltet seine Wirkung u.a. durch folgende Merkmale:

- den »schwebenden«, synkopisch geprägten Rhythmus der Melodie, der dem »entschwebenden« Zustand der Luftballons entspricht,
- die vorhaltige Struktur des Melodieverlaufs: Vorhalte u.a. bei »**Neun**undneunzig« und »**Luft**ballons«,
- die pentatonische Prägung des Melodiebeginns »Neunundneunzig Luftballons«, die einen melodisch-tonalen Schwebezustand herstellt,
- den Sextsprung bei »**auf ihr**em Weg zum Horizont«, dessen angesprungener Ton mit der Subdominante harmonisiert wird,
- die »befreiende, pazifistische« Botschaft des Textes, der die Befindlichkeit und Bedürfnissituation vieler Jugendlicher widerspiegelt. Er schließt mit dem »Fazit«:

> »Neunundneunzig Jahre Krieg
> ließen keinen Platz für Sieger.
> Kriegsminister gibt's nicht mehr
> und auch keine Düsenflieger.
>
> Heute zieh' ich meine Runden,
> seh' die Welt in Trümmern liegen,
> hab' 'nen Luftballon gefunden,
> denk an dich und laß' ihn fliegen.«

Besonders der Luftballon entfaltet seine symbolische Kraft als Ausdruck der Befreiung, der Flucht aus dieser Welt, der Schwerelosigkeit, des »Ausflippens«.
Hierin kann die therapeutische Wirkung liegen, insbesondere für Patienten jüngerer Jahrgänge (ab 1969), sofern eine entsprechende lebensgeschichtliche Prägung vorliegt.

Beispiel 54.18 »Computerliebe« (Paso Doble, 1985)

Dieser erfolgreiche Poptitel spiegelt die Befindlichkeit und Gefühle vieler Jugendlicher wider, die sich in der »kalten«, verwalteten Welt der Computer nicht mehr zurechtfinden und sich nach Liebe, menschlicher Wärme und Geborgenheit sehnen.

Die Wirkung des Titels beruht u.a. auf:

- dem starken Gegensatz zwischen den zwei Teilen:
  dem 1. Teil mit dem modernen, elektronisch geprägten Popsound mit seinen Computerklängen und synkopischen Rhythmen, der die industrialisierte und technisierte Welt von heute symbolisiert, und dem 2. Teil mit dem »alten«, an vorbarocke Madrigale erinnernden mehrstimmigen Vokalsatz, der die »heile«, unberührte Welt menschlicher Wärme und Geborgenheit ausdrückt,
- den antriebsfördernden, bewegungsauslösenden Synkopen des 1. Teils,
- der Tritonusspannung (übermäßiger Quartsprung) der Melodie bei »Emotionen«, »Visionen«, »ist Liebe« in Verbindung mit Synkopen,
- dem auf Motivwiederholung basierenden, sekundgängig und sequenzierend angelegten 2. Teil, der Vertrautheit und Geborgenheit vermittelt durch den »Schein des Bekannten«. Hier geschieht das, was Hans-Joachim Thilo beschreibt (21):
  »Wiederholung erreicht die Tiefenschicht der Psyche« und bewirkt das »Gefühl der Beständigkeit in einer sich fortwährend ändernden Welt und in dauernd sich ändernden personalen Beziehungen«. Die »Quelle des Bekannten, des seit langer Zeit zu mir Gehörenden« ist unerläßlich, »um das Neue bearbeiten und integrieren zu können«.

Der Text wirkt durch die Fülle seiner assoziativen Schlüsselbegriffe:

> Erste Regel für den Notfall,
> am Computer null Emotionen.
> Die Verwaltung warnt besonders
> in den Nächten vor Visionen.
> Doch die Stimme vom Computer zieht mich magisch an, die zieht mich an.
>
> Sind Gefühle nicht verboten,
> was ist Liebe, was ist Liebe.
> Vibrationen wie Magneten
> zieh'n mich magisch an, die zieh'n mich an.
>
> Die Module spiel'n verrückt,
> Mensch, ich bin total verliebt,
> voll auf Liebe programmiert mit Gefühl.
> Schalt' mich ein und schalt' mich aus,
> die Gefühle müssen raus,
> ganz egal, was dann passiert, ich brauch' Liebe.

Beispiel 54.19 »Patrona Bavariae« (Original Naabtal Duo, 1988)

Diese erfolgreiche Melodie gehört zu den beliebtesten volkstümlichen Liedern der Gegenwart.

Ihre Wirkung beruht u.a. auf folgenden Merkmalen:
- dem alpenländischen Stil der dreiklangsgebundenen Melodik,
- den exponierten ausdrucksvollen Sextsprüngen des Refrains bei »Bavariae«, »**mal So**rgen hab' und **mir die** Hoffnung fehlt« und der Strophen bei »**I hab**' amal«, »**da bin** i 'naus«, »**Mari**a hilf, **so hab'** i g'sagt« und »schickt's eure Sorg'n **zum Him**mel 'nauf« u.a.m.,
- der betonten melodischen 7. Tonstufe (dem abgebogenen Leitton) im Refrain bei »**Ster**nenzelt« und »weit über **un**ser Land« und in der Strophe bei »a **and'rer hat** mir's g'stohl'n«,
- der vorhaltigen Struktur des subdominantisch harmonisierten melodischen Höhepunkts bei »die **Ho**ffnung fehlt, Patr**o**na ...«,
- dem daran anschließenden chromatischen Durchgangston bei »Bavariae«,
- dem antriebsfördernden Volkstanzrhythmus mit Achtelauftakt, sarabandenartiger Betonung der 2. punktierten Zählzeit und aktivierendem punktiertem Achtelrhythmus auf der 1. Zählzeit,
- der »sakralen« Botschaft des Textes, der eine Fülle assoziativer Schlüsselbegriffe umfaßt und vielen Menschen Trost und Hoffnung vermittelt, weil sie sich in ihrer Befindlichkeit und ihren Sorgen angesprochen fühlen:

I hab' amal a Mad'l g'habt,
die hat mi nimmer woll'n,
kein Telefon, kein Brief von ihr,
a and'rer hat mir's g'stohl'n.
Da bin i 'naus zum Waldesrand,
wo's kloane Kircherl steht,
Maria hilf, so hab' i g'sagt,
du woaßt wia's weiter geht.

Auf einmal is' mir anders word'n,
war's so so warm ums Herz,
mei' Angst, die is so schnell verflog'n,
so wia der Schnee im März.
Drum Leut', wenn's ihr mal Sorgen habt's,
verliert's net glei' den Muat,
schickt's eure Sorgen zum Himmel 'nauf,
denn dann wird alles guat.

Patrona Bavariae
hoch über'm Sternenzelt,
breite deinen Mantel aus
weit über unser Land.
Und wenn ich mal Sorgen hab'
und mir die Hoffnung fehlt,
Patrona Bavariae,
nimm mich an deiner Hand!

Erfolg und Wirkung dieses Liedes lassen sich nicht zuletzt zurückführen auf den engen Zusammenhang zwischen den genannten musikalischen Strukturmerkmalen und den assoziativen Schlüsselbegriffen des Textes. Auf diese Weise entsteht eine sich verstärkende Wechselwirkung zwischen Wort und Ton, die bei entsprechender lebensgeschichtlicher Prägung therapeutisch genutzt werden kann.

Entspannung und Meditation mit Musik (CD 2)

Entspannung und Meditation mit Musik (CD 2)

Antrieb und Motivation sind grundsätzlich nicht möglich ohne das Wechselspiel von Spannung und Entspannung.
Dies wurde in den Kommentaren zu den einzelnen Beispielen auf CD 1 bereits deutlich: Die antriebsspendende Wirkung einer Musik ist um so größer, je mehr sich aktivierende Strukturelemente mit entspannenden verbinden. Als Beispiel sei die Kombination von antriebsförderndem »anapästischem« und entspannendem »daktylischem« Rhythmus genannt.
Vielfach fallen antriebsfördernde melodische Strukturelemente mit entspannenden Rhythmen zusammen und umgekehrt.
Wenn auf CD 2 nun Beispiele unter der Überschrift »Entspannung und Meditation« zusammengestellt sind, so bedeutet dies lediglich, daß die entspannenden Elemente dominieren.
Je nach Betrachtungsweise hätte man einzelne Beispiele genausogut auf die CD 1 »Antrieb und Motivation« nehmen können wie umgekehrt Beispiele aus der CD 1 für Entspannung hätten stehen können.
Der Psychiater und Neurologe Harm Willms, Professor für Musiktherapie an der Hochschule für Musik und Theater in Hamburg, hat Beiträge verschiedener Autoren zu dem Phänomen »Entspannung durch Musik« zusammengestellt und selber wichtige Erkenntnisse und Ergebnisse seiner klinischen Arbeit formuliert. Auf sie sei ausdrücklich hingewiesen (22).
Willms betont zu Recht, daß der Einsatz von Musik niemals die verbale Therapie ersetzen kann. Sie kann allerdings bei psychotischen Erkrankungen als »zweites Gleis« der kommunikativen Therapie neben die konfliktzentrierte verbale Therapie treten oder einer solchen vorgeschaltet werden. Bei hirngeschädigten Kindern ist der Einsatz von Musik oder anderen nonverbalen Medien oft die einzige Möglichkeit, soziales Verhalten und Erleben zu fördern.
Willms weist darauf hin, daß der Einsatz von Musik bei neurotischen Erkrankungen unter Umständen ablenken und Scheinlösungen vorbereiten könnte. Hiervor muß ausdrücklich gewarnt werden. Wo allerdings eine konfliktzentrierte Therapie auf verbaler Ebene nicht eingesetzt werden kann, können durchaus »palliative« Maßnahmen sinnvoll sein. Dazu gehört u.a. das Entspannungstraining durch Musik.
Reines Entspannungstraining kann überall dort angewendet werden, wo es um Störungen ohne eigentlichen Krankheitswert geht, z.B. bei Angstzuständen vor der ärztlichen Behandlung (Zahnarzt oder chirurgische Operation).
Deshalb nennt Harm Willms sein Buch auch nur »Musik und Entspannung« und vermeidet in diesem Zusammenhang den Begriff Musiktherapie oder Therapie durch Musik.
Der Intention unserer CD-Dokumentation entsprechend, dienen die hier zusammengestellten Beispiele nicht nur der Anwendung in der Therapie, sondern auch der Nutzung als Mittel zur Erbauung, Rekreation, psychischen Stabilisierung und Beruhigung.
Das Bedürfnis nach Entspannung wächst in unserer hochindustrialisierten, computergesteuerten, hektischen, betriebsamen und verwalteten Welt mit ihren vielen »unmenschlichen«

Zwängen. Um so wichtiger ist es, all den Menschen Hilfen anzubieten, die sich nach Entspannung und innerer Ruhe sehnen.

Willms hat als wichtige Erkenntnis formuliert, daß gerade auch »stark rhythmische Musik, die mit innerer Bewegung einhergeht«, zur Entspannung führen kann, weil zunächst »eine starke Spannung aufgebaut wird, die lustvoll aufgelöst wird« (23).

Diese Erkenntnis legt es nahe, die Musikbeispiele des ersten und zweiten Teils dieser Dokumentation im Verbundsystem anzuwenden, zumal, wie oben gesagt, die meisten Musikstücke sowohl aktivierende als auch entspannende Elemente in jeweils unterschiedlicher Gewichtung enthalten.

Gerade bei entspannender und meditativer Musik gilt der Grundsatz, daß die lebensgeschichtlich bedingten individuellen musikalischen Erfahrungen und Prägungen entscheidend sind für die Rezeption und Wirkung.

Um den verschiedenen lebensgeschichtlichen Musikerfahrungen und Befindlichkeiten Rechnung tragen zu können, haben wir die verschiedensten Gattungen entspannender Musik als Beispiele berücksichtigt.

So mag besonders für christlich geprägte Menschen der Gregorianische Choral eine starke meditative Kraft und eine ebenso entspannende wie geistig-seelisch aufbauende Kraft ausstrahlen.

In Abweichung von den buddhistisch geprägten Meditationsformen zielen unsere Musikbeispiele auf eine Meditation und Versenkung, die auf Entspannung und Besinnung auf das eigene Ich in Beziehung zum Transzendenten angelegt ist. Aus der meditativen Besinnung ergibt sich nicht nur eine Entspannung als Befreiung von Unruhe, Triebregungen und Bedürfnissen, sondern auch eine geistig-seelische Erbauung, die innere Ruhe und neue Kraft gibt.

Meditative Melodien

Beispiel 01 Gregorianische Gesänge - »Salve Regina«
Benediktinermönche der Abtei Saint-Maurice et Saint-Maur, Clairvaux
(Philips 420 879-2)

Diese weitgeschwungene modale (in dorischer Kirchentonart gestaltete) Melodie ist eines von vielen Beispielen für meditative liturgische Gebete.
Sie werden insbesondere in den Klöstern von Mönchen gepflegt und haben Eingang in die Liturgie gefunden.
Sie verleihen besonders den singenden Mönchen Kraft und innere Stärke, die sich aber auch auf den Hörer übertragen kann, wenn er lebensgeschichtlich geprägte Beziehungen zu dieser großartigen Musik hat.
Für diesen therapeutischen Zusammenhang ist es nicht wichtig, auf Inhalt und theologische Funktion dieses Beispiels einzugehen. Vielmehr soll der Gregorianische Gesang seine elementare meditative Faszination auf emotionalem, intuitivem Wege beim Hörer oder Patienten entfalten.

Spirituals und Gospels

Für diese Gattungen volkstümlicher geistlicher Musik aus Amerika ist das Zusammenwirken von Antrieb und Entspannung charakteristisch.
Auch die von Willms erwähnte Tatsache, daß Ekstase zur anschließenden Entspannung führen kann, ist in diesem Zusammenhang wichtig, denn es gibt viele Situationen, gerade im Gottesdienst, in denen Spirituals und Gospels ekstatisch gesungen werden. Die Gemeinde bewegt sich intensiv zum Gesang, der oft durch ekstatische Rufe und Schreie unterbrochen wird: Ausdruck religiöser Hingabe.
Hier wird deutlich, daß Meditation und Ekstase als zwei Formen religiöser Hingabe letztlich zum gleichen Ziel führen: zur »Regression im Sinne der Objektlosigkeit« (24), d.h. zur völligen Entspannung durch Befreiung vom individuellen Befriedigungsstreben und persönlichen Bedürfnis nach Entspannung. Jedenfalls handelt es sich um einen Zustand der Reizabschaltung oder doch Reizdämpfung, »wie er vielleicht dem Zustand im Mutterleib entspricht, bei dem Erlebnisse eines wiegenden Rhythmus, eines ruhigen mütterlichen Herzschlages und der Wärme besonders wichtig waren« (25).

Beispiel 02 »Swing Low, Sweet Chariot«
Natalie Reese, Mezzosopran
Hermann Rauhe, Klavier

In diesem Spiritual wird deutlich, wie antriebsfördernde und entspannende Strukturelemente zusammenwirken.

Zu den entspannenden Elementen gehören:
- die kreisende, geschwungene pentatonische Melodik, die im ersten Melodieteil eine absteigende Tendenz aufweist,
- der »schweifende Bordun« der Begleitung: über dem liegenden Grundton pendelt die Begleitfigur zwischen Quinte und Sexte hin und her: Von solchen ruhigen, »schweifenden« Bordunen geht eine meditative Wirkung aus, insbesondere auch dann, wenn der Bordun von den Hörern oder Patienten leise mitgesummt wird.

Zu den antriebsfördernden Elementen der Melodie gehören:
- der aufsteigende Dreiklang auf »coming for to carry me home«,
- die punktierten Rhythmen auf »chariot« (Takt 2 und 6) und »coming for to carry me« (Takt 3 und 7),
- Synkopen auf »swing low« und »chariot«. In diesem Beispiel zeigt sich aber auch, daß Synkopen nicht nur antriebsfördernd wirken, sondern ebenso durch Verschleierung des Taktschemas rhythmische Schwebezustände hervorrufen, die befreien, lösen und entspannen.

Beispiel 03 »Nobody Knows The Trouble I've Seen«
Natalie Reese, Mezzosopran
Hermann Rauhe, Klavier

Die Verbindung von meditativ-entspannenden und antriebsfördernden Wirkungselementen wird auch in diesem Beispiel deutlich.

Entspannende Strukturelemente sind:
- die kreisende pentatonische Melodik,
- der »schweifende Bordun« der Begleitung (vgl. Beispiel 02).

Antriebsfördernd wirken:
- der ausdrucksvolle fallende Sextsprung auf »nobody«,
- die Synkope an der gleichen Stelle »nobody« (zur Wirkung der Synkope vgl. das oben bei Beispiel 02 Gesagte),
- die Punktierungen bei »knows the trouble I've« und »glory«.

Auch im Gegensatz zwischen dem Refrainteil (»Nobody knows the trouble I've seen«) und den Strophen (»Sometimes I'm up, sometimes I'm down« usw.) wird das wechselseitige Zusammenwirken zwischen entspannenden und antriebsfördernden Elementen deutlich: Der Refrain wirkt insgesamt ruhiger und entspannender (durch die Interpretation und die ruhige Begleitung), die Strophen (Verse) wirken antriebsfördernder und lebendiger (wiederum sowohl durch die Interpretation als auch durch die Begleitung).

Beispiel 04 »Deep River«
Natalie Reese, Mezzosopran
Hermann Rauhe, Klavier

Ein entsprechender Gegensatz zwischen Refrain und Versen wird auch in diesem Beispiel deutlich, das zu den populärsten volkstümlichen Liedern (Negro-Spirituals) gehört.

Entspannend wirken:
- die weitgeschwungene, kreisende pentatonische Melodie des Refrains,
- der fallende Melodieverlauf bei »Deep river« und »Jordan«.

Antriebsfördernde Elemente sind u.a.:
- die punktierten Rhythmen bei »over« (Takt 3),
- die Synkopen (off beat-Rhythmen) bei »river«, »Jordan«, »oh, don't you want to go« (Beginn der »Strophe« bzw. des bewegteren Mittelteils),
- der exponierte Oktavsprung bei »is over« (Takt 3 und 11) und der Sextsprung bei »that promis'd« (Takt 21 mit Auftakt).

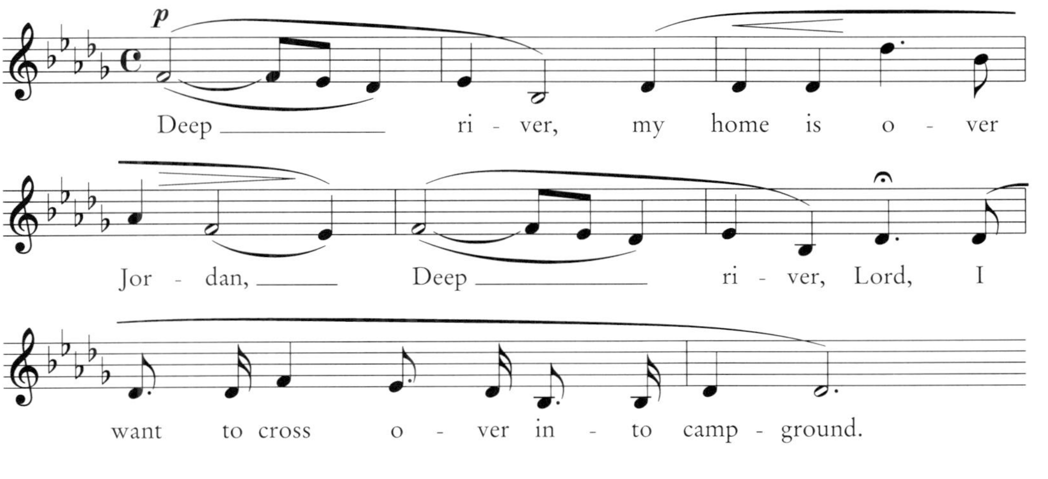

Für viele Patienten verbinden sich mit dieser bekannten und beliebten Melodie positive Erinnerungen an erfreuliche Ereignisse, Situationen und Begegnungen, die therapeutisch wirksam werden können.

Beispiel 05 »Should Auld Acquaintance Be Forgot«
Natalie Reese, Mezzosopran
Hermann Rauhe, Klavier

Mit dieser bekannten Volksmelodie verknüpfen viele Hörer und Patienten positive Erlebnisse der Geborgenheit in einer Gemeinschaft; Gefühle der Freundschaft und menschlichen Bindung. Es ist üblich, beim Singen dieser Melodie (oft zum Abschluß gesellschaftlicher Ereignisse und Zusammenkünfte) einander die Hand zu reichen und im Rhythmus der Melodie hin und her zu pendeln und sich behutsam schwingend zu bewegen. Durch dieses Zusammenwirken von Musik und Bewegung werden intensive gruppendynamische Prozesse ausgelöst.

Auch wenn der Hörer oder Patient diese Melodie alleine hört, verknüpft er diese Geborgenheit vermittelnden, die Isolation überwindenden Assoziationen mit der Melodie.
Auch hier wirken wiederum entspannende und antriebsfördernde Strukturelemente zusammen.

Entspannend wirken:
- die kreisende Melodik,
- die fallende Dreiklangsmelodik (ab Takt 5),
- die Tonwiederholungen in Takt 1,
- der Sicherheit und Geborgenheit vermittelnde Quartsprung zu Beginn der Melodie.

Antriebsfördernd wirken u.a.:
- die punktierten Rhythmen (die erste Note fast jedes Taktes ist punktiert),
- der aufsteigende Dreiklang in Takt 3 und 4 (in Verbindung mit der punktierten Note), der zur melodischen 6. Stufe als Höhepunkt führt, die mit dem Subdominantdreiklang harmonisiert ist (der Antrieb und Geborgenheit zugleich vermittelt).

Die Wirkung der musikalischen Strukturelemente wird durch den Text unterstützt, in dem sich viele assoziative Schlüsselbegriffe finden und der Gemeinschaftsgefühl und Geborgenheit vermittelt.

Volkslieder

Es gibt eine Reihe bekannter Volkslieder, von denen eine starke entspannende Wirkung ausgeht, die aber wiederum (wie bei den Spirituals und Gospels gezeigt wurde) auf der Wechselwirkung von Spannung und Entspannung beruht.
Hinzu kommt, daß bestimmte melodische, rhythmische und klangliche Strukturelemente - je nach musikalischem Zusammenhang und je nach Befindlichkeit des Hörers oder Patienten - einmal entspannend und das andere Mal antriebsfördernd wirken können.

Beispiel 06 »O kommt bald wieder, ihr Lieben« (russisches Volkslied)
Joachim Kuntzsch, Gesang
Hermann Rauhe, Klavier

Die entspannende Wirkung beruht u.a.

- auf der kreisenden Melodik, die pentatonisch geprägt ist,
- auf der hin- und herpendelnden Begleitung: Über einem schweifenden Bordun pendelt in der rechten Hand des Klavierspielers ein Sextakkord in Gegenbewegung zum Bordun hin und her.

Antriebsfördernd wirken vor allem:

- der Sextsprung zu Beginn der Melodie,
- die Asymmetrie der Melodie, die zwischen Sechsviertel- und Fünfvierteltakt wechselt (der Fünfvierteltakt ist charakteristisch für die russische Volksmusik).

Im Text gibt es eine Reihe assoziativer Schlüsselbegriffe:

O kommt bald wieder, ihr Lieben,
laduladu!
Lebt wohl und laßt euch geleiten,
laduladu!

Ein guter Stern führ' euch heimwärts,
laduladu!
Und führ' uns wieder zusammen,
laduladu!

Beispiel 07 »Wiegenlied« von Johannes Brahms
Hidenori Komatsu, Bariton
Cord Garben, Klavier

Diese bekannte Melodie ist zu einem der beliebtesten Volkslieder geworden. Sie wird sehr oft zum Ausklang eines Abends oder am Kinderbett zum Einschlafen gesungen.
Dieses Lied ist ein Musterbeispiel für das Zusammenwirken von entspannenden und antriebsfördernden Strukturelementen. Brahms unterstreicht diese Eigenart durch seine Tempobezeichnung »zart bewegt«.

Diese Wirkung wird auch vom Text unterstützt, der lebendige Assoziationen an glückliche Kinderzeiten vermittelt:

Guten Abend, gut' Nacht,
mit Rosen bedacht,
mit Näg'lein besteckt,
schlupf' unter die Deck'.
Morgen früh, wenn Gott will,
wirst du wieder geweckt.

Guten Abend, gut' Nacht,
von Eng'lein bewacht,
die zeigen im Traum
dir Christkindleins Baum:
Schlaf nun selig und süß,
schau' im Traum 's Paradies.

Die wiegende Bewegung ist es, die durch bestimmte Strukturelemente ausgelöst wird und die zugleich den entspannenden Effekt ausmacht.
Bewegungsauslösend bedeutet in diesem Fall also entspannend, entkrampfend, lösend.

Es sind vor allem folgende Strukturelemente, die dies bewirken:

- der anapästische Auftakt (in diesem Fall Mittel der bewegungsauslösenden Entspannung) in Verbindung mit der Punktierung bei »Abend«,
- die Klavierbegleitung: Sie zeigt in der linken Hand eine »orgelpunktartige« Figur, die - ähnlich wie beim Bolero von Ravel - als betonten Ton jeweils die tiefe Tonika bringt, darüber in der rechten Hand eine für Brahms typische rhythmische Verschiebung: Die punktierte Note (wie sie in der Melodie zu Beginn auftritt) ist hier um ein Achtel vorgezogen (synkopische Antizipation). Dadurch entsteht eine Spannung zwischen rechter und linker Hand, die in unserem Körpergefühl als Pendeln wahrgenommen wird.
- Die Wiederholung des ersten viertaktigen Melodieabschnitts (»Guten Abend, gut' Nacht, mit Rosen bedacht«) erfolgt einen Ton tiefer (Sequenz im Sekundabstand): Dies vermittelt Gefühle der Geborgenheit, Sicherheit und Ruhe.
- Der aufsteigende Oktavsprung, mit dem der Höhepunkt der Melodie beginnt (auf den Text »Morgen früh, wenn Gott will«), führt in die emotionale »Geborgenheit« der Subdominante.
- Diese Wirkung wird unterstützt durch die Spannung zwischen dem »Halbschluß« des letzten Melodieabschnitts auf der Quinte (»geweckt«) und dem »geschlossenen« Schluß dieser Melodiezeile am Ende (auf der Tonika).

Es ist also nicht nur die »wörtliche« Wiederholung dieses viertaktigen Melodieabschnitts, die Sicherheit, Vertrautheit und Geborgenheit vermittelt, sondern eben dieses Verhältnis von »offenem« Halbschluß und »geschlossenem« Ganzschluß.
Das durch diesen Text ausgelöste Hineingleiten in die Welt der Kindheit, der Phantasie, des Märchens und des Traumes hat eine für die Entspannung wichtige »regressive« Bedeutung.
Der Schlaf ist eine besondere Form der »Regression«, die lebensnotwendig ist: Ohne daß der Mensch in tiefen Schlaf eintaucht und träumt, kann er sich nicht regenerieren und immer wieder neue Kraft schöpfen. Ohne dieses Eintauchen in den Schlaf ist er also kaum lebensfähig.
Deshalb spielen Wiegenlieder in allen uns bekannten Kulturen der Menschheit eine wichtige Rolle: Sie weisen interkulturell ähnliche Abläufe und musikalische Strukturen auf, die Johannes Kneutgen in seinen Wiegenlied-Untersuchungen nachweisen konnte.
Vor allem ist es der pulsierende, gleichmäßige Rhythmus, der an den Herzschlag der Mutter erinnert: Insofern ist es kein Zufall, daß viele populäre Melodien (auch im Bereich der Popmusik) sich an einer Motorik orientieren, die an den Herzschlag erinnert und damit die Regression in einen imaginären Mutterleib begünstigt (»magischer Uterus«). Dazu paßt auch, daß der Mensch im Schlaf oft eine Haltung einnimmt, die der des Embryos und Fötus gleicht: Schlafend kriecht er in den imaginären Mutterleib, wo er die totale Geborgenheit fühlt.

Beispiel 08 »Am Brunnen vor dem Tore«
(aus dem Liederzyklus »Die Winterreise«) von Franz Schubert
Hidenori Komatsu, Bariton
Cord Garben, Klavier

Dieses Lied gilt als Musterbeispiel dafür, daß ein Kunstlied zum Volkslied wird (wie das Wiegenlied von Johannes Brahms).

Die entspannende Wirkung der Melodie beruht u.a. auf:

- dem fallenden Dreiklang zu Beginn der Melodie,
- dem schwingenden Dreierrhythmus (Dreivierteltakt),
- der (bereits bei Johannes Brahms erwähnten) Spannung zwischen »offenem« Halbschluß und »geschlossenem« Ganzschluß auf »Lindenbaum« (Halbschluß) und »süßen Traum« (Ganzschluß) sowie »immerfort« in Takt 16 und »immerfort« in Takt 18.

Antriebsfördernd im Sinne des Wechselbezuges von Spannung und Entspannung wirken:

- die Punktierungen, z.B. gleich am Melodiebeginn »Am Brunnen« und »ich träumt« sowie »Rinde« und »leide«,
- die Triolen bei »Lindenbaum«, »süßen Traum« und »immerfort«,
- die kurzen Auftakte (Achtelnoten) bei »ich träumt«, »ich schnitt«, »so manches«, »es zog«, »zu ihm«.

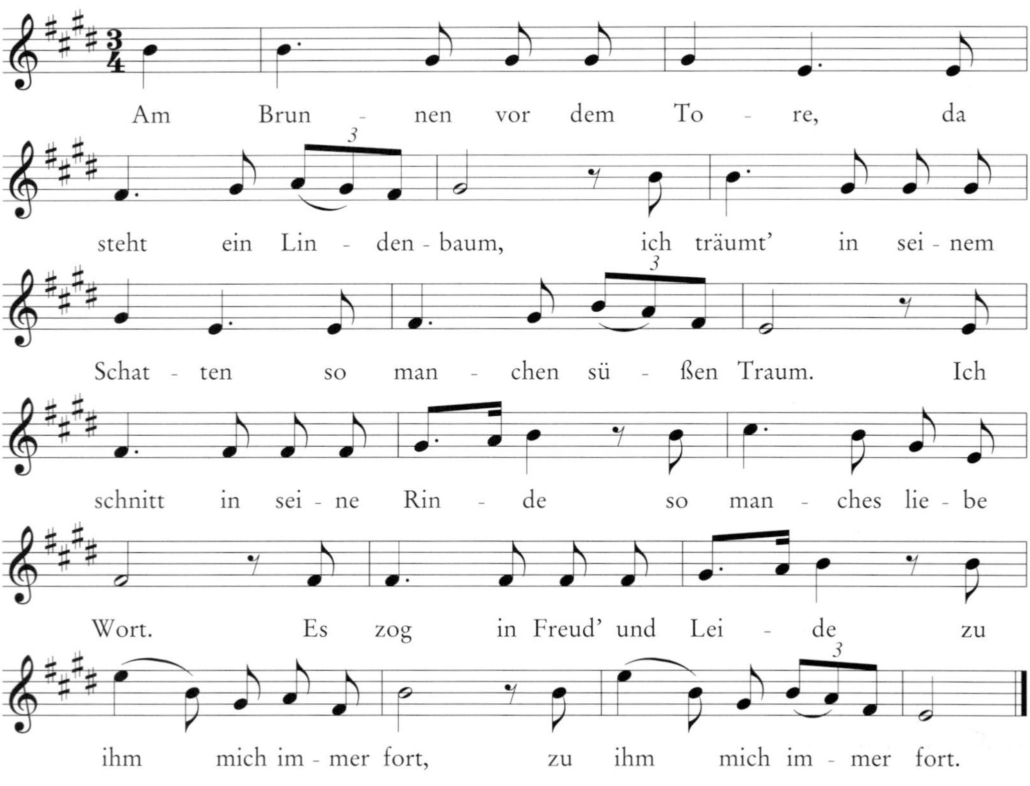

Der Text unterstützt diese Wirkung durch die assoziativen Schlüsselbegriffe und Bilder!

Beispiel 09 »In einem kühlen Grunde« (Volkslied)
Hidenori Komatsu, Bariton
Cord Garben, Klavier

Die entspannende und entlastende Wirkung dieser Melodie beruht auf dem Wechsel zwischen Spannung und Enstpannung.
Zu den impulsgebenden, »spannenden« Strukturelementen gehören der Sextsprung zu Beginn der Melodie und der Quartsprung zu Beginn der zweiten Melodiephrase (Takt 3 mit Auftakt beim Text »da geht«).
Zu den entspannenden Strukturelementen gehören u.a. der schwingende Sechsachteltakt und der kreisende Melodieverlauf.
Besonders ausdrucksvoll ist der fallende Septsprung in Verbindung mit der Subdominante an der Stelle »Mein Liebchen ist verschwunden«. Bei der Wiederholung dieses Textes und Melodieabschnittes steigt die Melodie zum oberen Grundton auf und fällt dann auf der Subdominante in Dreiklangsform wieder ab: Dadurch entsteht ein großer melodischer Bogen, der eine befreiende Wirkung beim Hörer hervorruft.

Der poetische Text von Joseph von Eichendorff kann bei denen, die ihn verstehen und sich einfühlen, ebenfalls entlastend wirken, sofern eine lebensgeschichtliche Prägung gegeben ist.

In einem kühlen Grunde,
da geht ein Mühlenrad;
mein Liebchen ist verschwunden,
das dort gewohnet hat.

Sie hat mir Treu' versprochen,
gab mir ein' Ring dabei,
sie hat die Treu' gebrochen:
das Ringlein sprang entzwei. ...

Nach dem »Iso-Prinzip« der Musiktherapie fühlt sich der traurige und enttäuschte Hörer verstanden und findet so, getragen von der entspannenden und befreienden Melodie, einen Weg aus der Sackgasse seiner gedrückten Stimmung und Befindlichkeit.

Beispiel 10 »Ich hab' mich ergeben« (Volkslied)
Hidenori Komatsu, Bariton
Hermann Rauhe, Klavier

Auch in diesem Volkslied spielt der Sextsprung eine zentrale Rolle: In diesem Fall ist er eingebunden in einen melodischen Entwicklungsvorgang, der nach dem »Gesetz der intervallischen Entwicklung« erfolgt: Auf den Sextsprung folgt als Steigerung und Entwicklung der Oktavsprung. Der zweite Sextsprung bei »dir, Land voll Lieb' und Leben« löst eine noch stärkere Wirkung aus, weil er mit der Subdominante harmonisiert ist, die sich für viele Hörer ohnehin mit starken Gefühlen verknüpft.

Bei der Wiederholung dieser Zeile gibt es noch eine weitere melodische Steigerung dadurch, daß bei dem Wort »Lieb'« der obere Grundton als melodischer Höhepunkt erreicht wird. Das Lied ist ein Beispiel für eine entspannende, befreiende, entlastende Wirkung, die auf gefühls- und bewegungsauslösenden musikalischen Strukturelementen beruht. Auch hier zeigt sich wieder der unauflösbare Zusammenhang von Antrieb und Entspannung in der Musik, deren Abläufe auf einem permanenten Wechsel von Spannung und Entspannung beruhen. Der Text ist eine Liebeserklärung an das eigene Heimatland, in diesem Falle das »deutsche Vaterland«.

Beispiel 11 »Es waren zwei Königskinder« (Volkslied)
Hidenori Komatsu, Bariton
Cord Garben, Klavier

Auch dieses bekannte und beliebte Volkslied ist ein Beispiel für das Zusammenwirken von spannenden und entspannenden Strukturelementen.

Hierzu gehören:

- die impulsgebenden Intervalle jeweils zu Beginn der Melodiephrase: Der Sextsprung, der Septsprung und der Oktavsprung,
- die erweiternde und befreiende Wirkung, die einmal durch das »Gesetz der intervallischen Evolution« (die Folge von Sext-, Sept- und Oktavsprung), zum anderen durch das »Gesetz der wachsenden Glieder« entsteht: Die formale Gliederung erfolgt 2 + 2 + 4 (+ 2)-taktig. Auslöser für diese erweiternde Entwicklung ist die Stelle »Sie konnten zusammen nicht kommen« (Takt 5).

Die rhythmisch-melodische Entwicklung dieser Stelle führt dazu, daß die folgende Phrase (»das Wasser war viel zu tief«) sich unmittelbar, ohne starke Zäsur, anschließt. Diese letzte Phrase wird dann noch einmal wiederholt, und dieses Ausklingen wirkt beruhigend und entspannend.

Auch der Text kann therapeutisch wirksam werden insofern, als er unerfüllte Liebe in poetischer Weise zum Ausdruck bringt:

Es waren zwei Königskinder,
die hatten einander so lieb;
sie konnten zusammen nicht kommen,
das Wasser war viel zu tief.

»Ach Liebster, kannst du nicht schwimmen,
so schwimme doch her zu mir!
Drei Kerzen will ich dir anzünden,
und die sollen leuchten dir.«

Das hört' eine falsche Nonne,
die tat, als ob sie schlief'.
Sie tät die Kerzen auslöschen,
der Jüngling ertrank so tief.

Ein Fischer wohl fischte lange,
bis er den Toten fand:
»Sieh da, du liebliche Jungfrau,
hast hier deinen Königssohn!«

Sie nahm ihn in ihre Arme
und küßt' ihm den bleichen Mund.
Es mußt' ihr das Herze brechen,
sank in den Tod zur Stund'.

Beispiel 12 Largo aus der Oper »Xerxes« von Georg Friedrich Händel
Hidenori Komatsu, Bariton
Cord Garben, Klavier

Diese Arie gehört zu den bekanntesten Melodien der gesamten Opernliteratur.
Ihr Beliebtheitsgrad ist kaum zu überbieten. Unzählige Menschen verknüpfen mit dieser getragenen, ausdrucksvollen Melodie positive Erinnerungen und intensive aufbauende Gefühle.
Sie vermittelt vielen Menschen Trost und ein Gefühl der Geborgenheit.

Es sind vor allem folgende musikalische Strukturelemente, die diese Wirkung hervorrufen:
- der durchlaufende, ruhig pulsierende Rhythmus des Basses, der in den ersten Takten stufenweise aufwärts geht (wobei der Ton jeweils zweimal wiederholt wird und damit Sicherheit signalisiert),
- der getragene erste Ton der Melodie, der über den ersten Takt hinausreicht und 4 Zählzeiten umfaßt,
- der in sich ruhende, Harmonie und innere Ausgeglichenheit signalisierende langsame 3/4-Takt,
- die Wiederholung des ausdrucksvollen Motivs von Takt 6/7 und Takt 8/9.
- Dieses Motiv, wie auch die übrigen, zeigt eine ausgewogene Verbindung von getragenen entspannenden und motivierenden rhythmischen Elementen: So folgt beispielsweise auf den ersten langen, 4 Zählzeiten umfassenden Ton nach einer Viertelnote eine punktierte Achtelnote, die wiederum in einen langen, 3 Zählzeiten umfassenden Ton mündet. Entsprechend verhält es sich mit dem bereits genannten Motiv in Takt 6/7, das in den nächsten beiden Takten wiederholt wird.
- Der erste Höhepunkt der Melodie in Takt 10/11 gewinnt seine intensive therapeutische und gefühlsauslösende Bedeutung nicht nur durch den melodischen Spitzenton es (eine Oktave höher als der Anfangston der Melodie), sondern auch durch den behutsam (durch Vorwegnahme auf der dritten Zählzeit eingeführten) »abgebogenen Leitton« auf der ersten betonten Zählzeit des Taktes 11.
- Die Bedeutung dieses »abgebogenen Leittones« wird unterstützt durch die Harmonik: Auf der Zählzeit 1 und 2 des Taktes 11 erscheint die Subdominante (As-Dur), die stark gefühlsauslösend wirkt.
- Zu den ruhigen, getragenen Elementen tritt spannungsvoll und eindringlich der vorgezogene Beginn einzelner Phrasen, z.B. in Takt 15 (»Ombra mai fu«), in Takt 34, wo die Melodiephrase ebenfalls auf der zweiten Zählzeit beginnt (»Cara ed amabile«) und in Takt 36, wo die Phrase auf der dritten Zählzeit des Taktes einsetzt (»Ombra mai fu«).

Die gleichermaßen getragene wie spannungsvolle Interpretation von Hidenori Komatsu und Cord Garben verstärkt die genannten musikalisch-strukturell bedingten Wirkungen.

Aria
Largo
Om - - - bra mai fu

Beispiel 13 »Ich liebe dich« von Ludwig van Beethoven
Hidenori Komatsu, Bariton
Cord Garben, Klavier

Auch diese ausdrucksvolle Melodie erfreut sich besonderer Beliebtheit und wird immer wieder von unzähligen Menschen als Lieblingsmelodie gewählt.
Sie verbindet in ausgewogener Weise entspannende und antriebsfördernde Elemente: So folgen in fast jedem einzelnen Takt antriebsfördernde und entspannende Strukturelemente aufeinander: Auftaktiger Melodiesprung und punktierter Rhythmus zu Beginn; danach Tonwiederholung und entspannter Rhythmus (der mit den Zählzeiten zusammenfällt, also »metrisch konform« ist). Durch die übergeordneten Strukturprinzipien des Sekundganggesetzes und der intervallischen Entwicklung fügen sich diese gegensätzlich wirkenden Elemente zu einer geschlossenen Einheit zusammen.
Die Wirkung dieses Liedes beruht u.a. auf folgenden Strukturmerkmalen:

- Sextsprung zu Beginn der Melodie als Ausdruck der Zärtlichkeit und intensiven Zuneigung.
- Gesetz der intervallischen Entwicklung: Auf den Sextsprung des Beginns folgt der Septsprung als Auftakt zu Takt 3.
- Sekundganggesetz: Die betonten Töne der Melodie (hervorgehoben durch den Sext- und Septsprung) folgen im Sekundabstand aufeinander: a-b-c-d.
- Punktierung des durch Sexte und Septe angesprungenen Tones wie auch der übrigen Töne, die am Beginn eines jeweiligen Taktes stehen.
- Eindringliche Wiederholung des Tones c (das c tritt viermal nacheinander auf) mit anschließendem chromatischen Durchgangston (cis), der den Höhepunkt dieses Melodieabschnittes in Takt 6 (d) vorbereitet.

- Pendelnder Wechsel von abfallender und aufsteigender Melodik: Auf das mit einem Sextsprung beginnende, danach absteigende Eingangsmotiv (»Ich liebe dich«) folgt die Umkehrung dieses Motivs: Nach der fallenden Sekunde kommt das nunmehr aufsteigende punktierte Motiv. Derselbe Vorgang wiederholt sich in Takt 3 und 4. Auch dadurch entsteht wieder die eingangs erwähnte ausgewogene Verbindung von antriebsfördernder und entspannender Wirkung.
- Kreisende Dreiklangsbrechungen in der Klavierbegleitung: Sie betonen die beruhigende Wirkung des Liedes in den ersten Takten.
- Besonders ausdrucksvoll und therapeutisch wirksam ist der Höhepunkt der Melodie (Takt 29) in Verbindung mit dem Text »Gott schütze dich, erhalt' dich mir«: Der melodische Spitzenton (das tonleiterfremde es) wird mit einem Septsprung erreicht und im Forte gesungen und hebt sich bewußt von dem Piano des Vortaktes ab.

Die Melodie ist eine Fundgrube für therapeutisch wirksame musikalische Strukturelemente, die in diesem Zusammenhang nicht alle dargelegt und analysiert werden können. Hingewiesen sei nur noch auf die Bedeutung des Textes (von Herrosee). In ihm finden sich eine Reihe »assoziativer Schlüsselbegriffe«, die für viele Menschen mit intensiven Erlebnissen und Erinnerungen verknüpft sind: Diese Assoziationen werden unterstützt durch die genannten musikalischen Strukturelemente. Durch das enge Zusammenwirken von Wort und Ton entsteht so eine kaum zu überbietende therapeutische Wirkung.

Ich zitiere den Text und unterstreiche die assoziativen Schlüsselbegriffe:

Ich <u>liebe</u> dich, so wie du mich,
am <u>Abend</u> und am <u>Morgen</u>,
noch war kein <u>Tag</u>, wo du und ich
nicht <u>teilten</u> uns're <u>Sorgen</u>.
Auch waren sie für dich und mich
<u>geteilt</u> leicht zu <u>ertragen</u>,
du <u>tröstetest</u> im <u>Kummer</u> mich,
ich <u>weint'</u> in deine <u>Klagen</u>.
Drum <u>Gottes</u> <u>Segen</u> über dir,
du meines <u>Lebens</u> <u>Freude</u>,
<u>Gott</u> <u>schütze</u> dich, erhalt' dich mir,
<u>schütz'</u> und erhalt' uns beide.

Beispiel 14 »Mondnacht« von Robert Schumann
(op. 39 Nr. 5, Text von Joseph von Eichendorff)
Hidenori Komatsu, Bariton
Stephan Seebass, Klavier

Dieses zarte Lied, Inbegriff romantischer Poesie, gilt als Schlüsselwerk für das Liedschaffen des 19. Jahrhunderts.
Seiner ästhetischen und musikhistorischen Bedeutung entspricht seine therapeutische Wirkung: Das Gedicht fasziniert durch die Atmosphäre und die Gefühle, die Eichendorff in wunderbaren Bildern sprachlich einfängt: Übersinnliches wird sinnlich erfahrbar durch das Gedicht und durch die Vertonung Robert Schumanns.

Es war, als hätt' der Himmel
die Erde still geküßt,
daß sie im Blütenschimmer
von ihm nur träumen müßt'.

Die Luft ging durch die Felder,
die Ähren wogten sacht,
es rauschten leis' die Wälder,
so sternklar war die Nacht.

Und meine Seele spannte
weit ihre Flügel aus,
flog durch die stillen Lande,
als flöge sie nach Haus.

Auch in diesem Text findet sich eine Fülle assoziativer Schlüsselbegriffe, die sich allerdings dem künstlerischen Gesamtkonzept dieses genialen Liedes unterordnen und sich einfügen in den dichterischen Zusammenhang. Dadurch werden sie in ihrer Bedeutung überhöht und gewinnen eine neue Dimension der Aussage und Bedeutung.
Gerade gestreßten Menschen vermag das Lied Ruhe, Entspannung, meditative Stille und seelische Kraft zu vermitteln.
Der Hörer wächst in seiner Befindlichkeit und seinem Bewußtseinszustand über sich selbst hinaus, er überwindet gleichsam das Materielle, Irdische und fühlt sich frei, entlastet und »schwerelos«, aufgehoben in einer Heimat, die die irdische übersteigt.
Hingewiesen sei auf die zentrale Bedeutung des Klaviers, das gleichberechtigt neben die Singstimme tritt, insbesondere durch das ausgeprägte, stimmungsvolle Vor- und Nachspiel.
Für die psychische und therapeutische Wirkung der Musik spielt die Behandlung der Dissonanzen, ihre behutsame Einführung und sensible Auflösung eine besondere Rolle, z.B. in Takt 5 bis 10.
Der Wechsel von harmonischer Spannung (Dissonanz) und Entspannung (Konsonanz) wirkt sich entsprechend auf den Wechsel von psychischer wie psychosomatischer Spannung und Entspannung aus.
Dies gilt analog auch für die rhythmische Gestaltung im Hinblick auf den Wechsel von durchlaufenden, weichen und »glatten« Passagen (Sechzehntelnoten) einerseits und Synkopen (z.B. in Takt 2 und 4) andererseits.

Der absteigende Dreiklang zu Beginn des Klaviervorspiels (Subdominantparallele cis-Moll), der in Takt 3 (eine Oktave tiefer) wiederholt wird, symbolisiert das Herabsteigen des Himmels, der die Erde »küßt«, genauso wie der fallende Dreiklang der Singstimme bei »die Erde still geküßt« und die über zwei Oktaven absteigende Baßlinie an derselben Stelle (Takt 10-13, 18-22).
Auch die Harmonik zu Beginn des Einsatzes der Singstimme drückt diesen unwirklichen Vorgang aus (verkürzter Zwischendominantseptakkord zur Subdominantparallele cis-Moll).
Die Wirkung des Liedes hängt ganz entscheidend von der kongenialen Interpretation ab.

Beispiel 15 »Du bist wie eine Blume« (aus dem Liederzyklus »Myrten«)
von Robert Schumann, Text von Heinrich Heine
Robert Gambill, Tenor
Torsten Schmidt-Kapfenburg, Klavier

Auch dieses zarte Liebesgedicht hat Robert Schumann kongenial vertont.
Der Text birgt wiederum eine Reihe assoziativer Schlüsselbegriffe in sich, die ich hervorhebe:

Du bist wie eine Blume,
so hold und schön und rein;
ich schau' dich an, und Wehmut
schleicht mir ins Herz hinein.
Mir ist, als ob ich die Hände
auf's Haupt dir legen sollt',
betend, daß Gott dich erhalte
so rein und schön und hold.

Die Schlüsselbegriffe werden musikalisch unterstrichen in ihrer Wirkung, z.B. durch den fallenden Septsprung in Takt 3/4 (»so hold«), durch die melodische Verzierung (Umspielung) bei »schön« (Takt 4) oder durch die fallende verminderte Quinte in Verbindung mit einem ungewöhnlichen Akkord in der Begleitung in Takt 7 (»Wehmut«).
Zu den durch ausdrucksvolle Intervalle kongenial interpretierten Textstellen gehört auch der Schluß der Melodie: »so rein und schön und hold«:
Die Begriffe »schön« und »hold« werden durch den fallenden Sextsprung in Verbindung mit dem punktierten Rhythmus auf wunderbare Weise gestaltet.
Dieses Lied verbindet eine entspannende mit einer aufbauenden, motivierenden Wirkung und ist deshalb therapeutisch besonders bedeutsam.
Entspannend wirkt u.a. der durchlaufende Sechzehntelrhythmus der Akkordbegleitung, antriebsfördernd z.B. die Triole (Dreiergliederung) bei »wie eine Blume« und die punktierten Rhythmen bei »so hold und schön«, »ich schau' dich an, und Wehmut« und »Herz hinein«.

Langsam
p
Du bist wie ei - ne Blu - me, so
p
hold und schön und rein;
ich schau' dich an, und
Weh - mut schleicht mir ins Herz hin - ein.

Beispiel 16 »Asturiana« aus »Siete Canciones Populares Españolas«
von Manuel de Falla für
Singstimme und Klavier
Christiane Iven, Mezzosopran
Thomas Grubmüller, Klavier

Diese sensible Komposition vermittelt eine entspannende, poetisch »entrückende« Wirkung durch:

- die Schwerelosigkeit der zarten, impressionistischen Klavierbegleitung, die den Zauber eines exotischen Farbenreichtums heraufbeschwört und in eine »unwirkliche« Welt der fließenden Grenzen entführt. Diese Klavierbegleitung mit den bewußt verschwommenen Konturen (wie sie auch für die impressionistische Malerei charakteristisch ist) läßt die volkstümliche spanische Melodie in völlig neuem Licht erscheinen: Sie symbolisiert auf diese Weise den Hörer/Patienten, der den Zwängen der harten Wirklichkeit entflieht und sich befreit und entlastet fühlt.
- die Wiederholung der ersten schwingenden Melodiezeile (Dreivierteltakt): Dadurch entsteht beim Hörer schnell der Eindruck des Vertrauten, der sich mit Gefühlen der Geborgenheit und des Trostes verknüpft.

Hier liegt die therapeutische Bedeutung der Komposition, deren unbeschreiblicher Zauber viele feinfühlige Menschen aus ihrer schmerzlichen Gegenwart entführt in einen entspannten, »schwerelosen«, »immateriellen« Zustand.

dolce espressivo
Tempo
Por ver
Cher - chant
Ped.
si me con - - - so - - - - la - - -
qui me con - - - so - - - - le - - -
ba
ra
pp

Kontemplative Klassik vom Barock bis zur Moderne

Kontemplative Klassik vom Barock bis zur Moderne

Besinnliches Barock

Beispiel 17 Canon D-Dur von Johann Pachelbel
St. Paul Chamber Orchestra
Leitung: Pinchas Zukerman
(Philips 412215-2)

Diese Komposition gehört zu den beliebtesten Werken des Barock.
Ihre besondere entspannende, beruhigende und aufbauende Wirkung beruht u.a. auf:

- dem ständig wiederkehrenden Baß (Ostinato) mit seinen typischen fallenden Quarten, die Ruhe und Beständigkeit ausstrahlen,
- der damit verbundenen Akkordfolge, die den Eindruck des Vertrauten und Folgerichtigen vermittelt,
- dem sich von Wiederholung zu Wiederholung stärker entfaltenden Glanz und polyphonen Reichtum der hohen Streicher (Canon),
- der Verbindung der Prinzipien Wiederholung und Steigerung, die eine ebenso faszinierende wie beruhigende Wirkung hervorruft, eine Art »meditativer Faszination«.

Beispiel 18 »Air« aus der Orchestersuite Nr. 3 D-Dur
(BWV 1068) von Johann Sebastian Bach
Academy of St. Martin in the Fields
Leitung: Sir Neville Marriner
(Philips 426462-2)

Dieses »Air« gehört zu den meistgespielten Werken der Orchesterliteratur überhaupt. Seine Wirkung und Struktur ist ähnlich wie die des Kanons von Pachelbel: Über einem ständig wiederkehrenden Baß (Ostinato/Chaconne), der nach dem Sekundganggesetz gebaut ist und entsprechende Sicherheit und Vertrautheit signalisiert, entfalten die hohen Streicher eine getragene Kantilene von einzigartiger Schönheit und Ausdruckskraft, von einem sanft ergreifenden, durchdringenden und liebevoll-trostspendenden Charakter. »Es gibt kaum ein so kurzes Stück von Bach, das intensiver mit Gefühl durchtränkt ist... Diese Perle unter den Suitensätzen läßt wohl kein menschliches Herz unberührt!« (Hans Engel)

Beispiel 19 Andante aus der Großen Sonate in A-Dur op. 85
für Flöte und Gitarre von Mauro Giuliani
Walter Stoiber, Flöte
Winfried Stegmann, Gitarre

Dieser reizvolle Satz wirkt in der wunderbaren Verbindung von getragener, ausdrucksvoller Flötenstimme und Gitarrenbegleitung.

Von der Komposition geht viel Trost und Entspannung aus. Sie vermag auch den streßgeplagten Menschen in der Hektik unserer Zeit zur Ruhe und Besinnung zu bringen.

Die Wirkung beruht u.a. auf folgenden Strukturmerkmalen:

- den ausdrucksvollen Pausen zu Beginn des Satzes, die eine »meditative Stille« vermitteln,
- dem »Gesetz der wachsenden Glieder«, das in den ersten vier Takten deutlich wird (Gliederung 1 + 1 + 2 Takte) und eine erweiternde, befreiende Wirkung hervorruft.
- der »potenzierten« Dreiergliederung des rhythmischen Geschehens: Dreivierteltakt und Sextole (2mal drei Sechzehntel) in der Gitarre vom Beginn des Flöteneinsatzes an (Takt 9). Dadurch entsteht ein kreisendes, »schwebendes«, »schwereloses« Körpergefühl beim Hörer, das entlastend, befreiend, transzendierend, die Schwerkraft der Materie überwindend wirken kann.

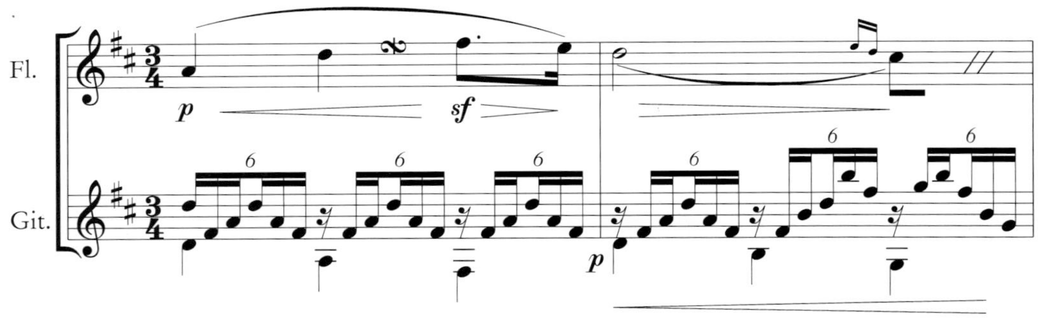

Poetisches Piano

Beispiel 20 — 1. Satz aus der Sonate A-Dur für Klavier
(KV 331) von Wolfgang Amadeus Mozart
Alfred Brendel, Klavier
(Philips 420 839-2)

Dieser Sonatenhauptsatz ist ein ideales Beispiel für die Verbindung von ästhetischer und therapeutischer Qualität. Er gehört zu den beliebtesten Werken klassischer Literatur überhaupt. Seine Popularität prädestiniert ihn für den Einsatz in der Therapie und Lebenshilfe.

Die besondere Bedeutung liegt in der Verbindung antriebsfördernder und entspannender Strukturelemente:

- Antriebsfördernd wirkt der punktierte sizilianische Tanzrhythmus.
- Entspannend wirken der schwingende Sechsachteltakt und die kreisende Melodik.
- Die Wiederholung des dreitönigen Hauptmotivs (einen Ton tiefer) vermittelt Vertrautheit, Sicherheit, Geborgenheit.
- Dies gilt auch für den nach dem »Sekundganggesetz« gestalteten Melodieverlauf: Die betonten Töne folgen im Sekundabstand aufeinander.
- Das Thema ist nach dem Gesetz der wachsenden Glieder gebaut (1 + 1 + 2 Takte), das eine befreiende (weil erweiternde) Wirkung hervorruft.

Beispiel 21 — 2. Satz des Klavierkonzertes A-Dur
(KV 488) von Wolfgang Amadeus Mozart
Mitsuko Uchida, Klavier
English Chamber Orchestra
Leitung: Jeffrey Tate
(Philips 426 754-2)

Das Kopfmotiv dieses ausdrucksvollen, getragenen langsamen Satzes stimmt mit dem der A-Dur-Sonate überein.
Die Behandlung indessen unterscheidet sich erheblich: Die Melodik ist gekennzeichnet durch expressive Intervalle, z.B. die Aufeinanderfolge von fallendem Septsprung und steigendem Sextsprung (in Takt 1 und in Takt 2).
Der große melodische Atem der weit geschwungenen Melodielinie wird rhythmisch inspiriert durch betonte Noten auf unbetonten Zählzeiten, z.B. auf Zählzeit 5 in Takt 2 oder Zählzeit 2 in Takt 3.

Durch den Wechsel von Klaviersolo und Orchester gewinnt dieser Satz Dialogcharakter und eine Farbigkeit von einzigartiger Schönheit und Originalität.
Therapeutisch wirksam ist dieser Wechsel insofern, als der einsame Mensch sich in den Klaviersolopartien wiederfindet und beglückend erlebt, wie er in die »Gemeinschaft« des Orchesters »eintauchen« kann: Dadurch wird seine Einsamkeit imaginär überwunden; er fühlt sich geborgen.
Der fast überirdischen Schönheit dieses Satzes vermag eine musikwissenschaftliche Analyse allerdings nicht gerecht zu werden. Was den Hörer so unmittelbar und tief anrührt (und die größte therapeutische Wirkung ausübt), ist das Wesen dieser Mozartschen Musik, die alles Leid, alle menschliche Sehnsucht durchschritten zu haben und zu kennen scheint.
Sie läßt aber all dieses nicht einfach hinter sich, sondern es sinkt gleichsam auf den Grund, und über diesem dunklen, schmerzlichen Grund, einer Tiefe, die immer mitschwingt, entfalten sich wie ein Lächeln unter Tränen abgeklärte trostreiche Klänge: Die Sehnsucht ist zur Ruhe gekommen, Leid getröstet, Traurigkeit in Liebe aufgehoben.

Beispiel 22 »Für Elise« von Ludwig van Beethoven
Burkhard Kehring, Klavier
(Karussell 429 286/2)

Diese kleine Komposition erfreut sich ganz besonderer Beliebtheit und wird sowohl im Original als auch in zahllosen Bearbeitungen (z.B. von Richard Clayderman) immer wieder gespielt.
Aufgrund dieser Popularität verknüpfen viele Hörer und Hörerinnen wie Patienten persönliche Erlebnisse und Erinnerungen mit diesem Stück.
Durch Anamnese muß ermittelt werden, in welcher Richtung diese Assoziationen gehen. In der Regel wirkt die Komposition entspannend, tröstend und psychisch entlastend.
Trotzdem ist es wichtig, eine Anamnese vorzunehmen, denn es kann durchaus auch sein, daß sich mit dem Stück unangenehme Erinnerungen verknüpfen, z.B. an frustrierenden, demotivierenden Klavierunterricht (zu dem man vielleicht durch den dringenden Wunsch oder falschen Ehrgeiz der Eltern gezwungen wurde).

Die therapeutisch wirksamen Merkmale des Stückes liegen u.a.:

- in der »schwebenden« rhythmischen Gestaltung, z.B. durch den »herantastenden« Anfang und den entsprechenden »schwerelosen« Übergang zur Wiederkehr des A-Teils (Takt 13 bis 15) und durch die »hemiolische« Spannung zwischen der Dreiachteltaktgliederung und der 6/16-Gestaltung (3 + 3/16, statt 2 + 2 + 2/16),

- in den spielerischen, leichten und lockeren Dreiklangsbrechungen, die durch die schwebende rhythmische Gestaltung eine entspannende, entlastende und befreiende Wirkung entfalten.
- Gleichzeitig vermitteln sie, weil sie durch das »Sekundganggesetz« in einen organischen Zusammenhang gestellt sind, das Gefühl der Sicherheit.
- Der zweite Teil der Melodie zeichnet sich ebenfalls durch das »Sekundganggesetz« aus (hier in absteigender Sekundfolge) und durch die ausdrucksvollen Septsprünge in Takt 10, 11 und 12.
- Aufhellend, aufheiternd und ggf. depressionsmindernd wirkt der Dur-Teil (F-Dur) ab Takt 25: Sein Höhepunkt liegt im abgebogenen Leitton (Takt 25/26), der durch Vorwegnahme (Antizipation) in Takt 25 gut vorbereitet und mit der Subdominante harmonisiert ist. Im übrigen ist der Vorhalt das therapeutisch wirksame Gestaltungsprinzip dieses Teils. Vorhalte wirken in der Regel sehr ausdrucksvoll, transportieren Emotionen und fördern Assoziationen. Dies kann therapeutisch gezielt genutzt werden.

Beispiel 23 Impromptu As-Dur op. 142 Nr. 2 von Franz Schubert
Burkhard Kehring, Klavier
(Karussell 429 286/2)

Diese Komposition gehört zu den beliebtesten Werken romantischer Klaviermusik. Ihr Erfolg beruht nicht zuletzt auf der Melodie, die in den ersten vier Takten übereinstimmt mit dem alten ostpreußischen Volkslied »Oh, schenk' mir dein Herz, nimm mein Herz dafür«.

Therapeutisch wichtige musikalische Elemente sind u.a.:

- der Festigkeit und Sicherheit signalisierende Quartsprung des Anfangs,
- der gefühlvolle Sextsprung zu Beginn der Wiederholung der viertaktigen Melodie (Takt 5 mit Auftakt),
- das Sicherheit und Vertrautheit vermittelnde »Sekundganggesetz«,
- der sarabandenähnliche Grundrhythmus, der sich durch den ersten Teil der Komposition zieht (punktierte Note auf der zweiten Zählzeit des Dreiertaktes),
- der dynamische und strukturelle Gegensatz zwischen dem wiederkehrenden A-Teil und dem Mittelteil (B-Teil). Dieser hebt sich ganz deutlich ab durch den verkürzten Auftakt (Achtelnote), die Artikulation und den Klaviersatz (Oktavierung).

Beispiel 24 »Träumerei« aus »Kinderszenen« op. 15 von Robert Schumann
Burkhard Kehring, Klavier
(Karussell 429 286/2)

Die berühmte »Träumerei« von Schumann gehört zu den beliebtesten Werken der gesamten Musikliteratur.
Deshalb gibt es unzählige Bearbeitungen für die verschiedensten Instrumente. Am verbreitetsten ist die für Cello und Klavier.
Das therapeutisch wichtigste Element der weit geschwungenen Klaviermelodie ist die Quarte: Mit ihr beginnt die Melodie und sie steht jeweils am Anfang des zweiten und dritten Taktes. Die aufsteigende Quarte ist der Ausdruck der Sicherheit, des Vertrauens, der Zuversicht.
Weiteres wichtiges Moment ist der Sextsprung zu Beginn des Taktes 6, der den melodischen Höhepunkt vorbereitet. Dieser Höhepunkt kehrt am Schluß in Takt 22 wieder: hier in Verbindung mit einer Fermate (einem ausgehaltenen Ton) und anschließendem Ritardando (langsamer werden). Entspannend wirkt auch der Subdominantakkord mit Quinte im Baß in Takt 2, mit der der melodische Spitzenton f harmonisiert ist.

Beispiel 25 Prélude e-Moll von Frédéric Chopin
Burkhard Kehring, Klavier

In dem melancholischen Ausdrucksgehalt dieser ungewöhnlichen Komposition finden sich viele depressive Patienten wieder: Indem sie sich verstanden fühlen, beginnen sie langsam, ihre bedrückende Stimmung zu überwinden.

Therapeutisch wirksam ist die »klagende«, mit einem Oktavsprung und einem punktierten Rhythmus beginnende »einsame« Melodie, die durch Tonwiederholung charakterisiert ist: In den ersten drei Takten dominiert das h, das jeweils in der letzten Zählzeit des Taktes zum c (der kleinen Sexte) pendelt.

Dieses h erscheint aber von Takt zu Takt in neuem Lichte und verwandelt sich durch die sich behutsam entwickelnde Harmonik der Begleitung (linke Hand).

Die Baßtöne verlaufen, wie bei einer Chaconne, in Sekundschritten abwärts vom g über fis-f-e-dis-d-c bis zum h. Diese Sekundgängigkeit vermittelt Sicherheit, Geborgenheit und Vertrautheit trotz der sich zum Teil ungewöhnlich und chromatisch entwickelnden Harmonik.

Therapeutisch wichtig ist auch der Takt 12, in dem die Begleitung aussetzt und die Melodie sich »einsam« entfaltet: Hier findet sich der einsame und verlassene Mensch besonders wieder und empfindet es als Trost, daß gleich im nächsten Takt die Begleitung wieder einsetzt, zusammen mit dem vertrauten Melodieanfang: Auf diese Weise fühlt er sich geborgen und angenommen.

Ein entsprechender Eindruck wird vom Schluß der Komposition vermittelt: Auf den unaufgelösten »fremden« Septakkord folgt eine intensive Generalpause, die das Alleinsein, die Einsamkeit zum Ausdruck bringt. Aber auch diese Einsamkeit wird wiederum überwunden durch die im Pianissimo gespielte Akkordfolge des Schlusses (Kadenz), die in der »geborgenen« Tonika (Grundakkord) endet.

Largo
p espressivo
5
9
3

Beispiel 26 Walzer As-Dur von Frédéric Chopin
Burkhard Kehring, Klavier
(Karussell 429 286-2)

Der bekannte Chopin-Walzer entfaltet seine Wirkung u.a. durch folgende Strukturmerkmale:

- den leichten, schwingenden Walzerrhythmus,
- die schwebende Melodik,
- den Wechsel zwischen spielerischen Ornamenten und ausdrucksvollen Vorhalten, mit denen sich intensive Gefühle verknüpfen können,
- den Hauch von Wehmut, der über allem »weht« und der für das Klavierwerk Chopins charakteristisch ist: In dieser wehmütigen Stimmung findet sich der einsame, depressive Patient wieder und fühlt sich dadurch verstanden. Nach dem Iso-Prinzip der Musiktherapie läßt er sich durch diese Musik abholen und aus der Sackgasse führen.

Beispiel 27 Intermezzo op. 116 Nr. 4, E-Dur von Johannes Brahms
Thomas Grubmüller, Klavier

Dieses zarte, poetische und stimmungsvolle Intermezzo strahlt bei aller musikalischen Expressivität eine tröstende Ruhe und entspannende Gelassenheit aus.
Therapeutisch wirksam ist wieder der Wechsel von Spannung (nach oben gerichtete chromatische Vorhalte in Takt 1, 5, 15, 19 usw.) und Entspannung (zart gespielte, gebundene fallende Quinte, Sexte, Septe in Takt 1/2, 2/3, 5/6 und 6/7), der sich auch im gesamten melodischen, rhythmischen und harmonischen Verlauf des Stückes zeigt.
Zu den wirksamen Strukturen gehören außerdem der weit geschwungene Dreivierteltakt und die Triolen innerhalb dieses Dreivierteltaktes, also eine Art potenzierte rhythmische Dreigliedrigkeit. Diese kann der Hörer als ruhiges Kreisen empfinden, in das er - ihm selber mehr oder weniger unbewußt - hineingenommen wird, so daß er sich selbst als fast schwebend losgelöst erlebt.

Beispiel 28 Walzer A-Dur zu vier Händen Nr. 15 von Johannes Brahms
Cord Garben und Stephan Seebass, Klavier

Gerade dieser Walzer zu vier Händen erfreut sich besonderer Beliebtheit und spielt in der Hausmusik seit Ende des letzten Jahrhunderts eine zentrale Rolle. Deshalb verknüpfen sich mit diesem Werk für viele Patienten und Hörer(-innen) positive Erinnerungen und angenehme Gefühle.

Die strukturellen Gründe für die therapeutische Bedeutung des Walzers liegen u.a. in:

- dem schwingenden Dreiertakt (Walzertakt), der einen schwebenden, ruhig kreisenden psychischen Zustand auslöst,
- der pendelnden Melodieführung, die am Anfang zwischen Terz und Grundton hin und her pendelt,
- den Sextparallelen zu Beginn des Walzers, die durch die »Verschmelzung« von Melodie und Begleitstimme ein Gefühl des Eingebundenseins und damit Geborgenheit vermitteln,
- der Betonung der melodischen dritten und sechsten Stufe und der siebten Stufe auf dem Höhepunkt der Melodie im Takt 7.

Beispiel 29 Notturno Nr. 3 (Liebestraum) As-Dur op. 62 von Franz Liszt
Burkhard Kehring, Klavier
(Karussell 429 286-2)

Dieses poetische Klavierstück zählt, wie die »Träumerei« von Schumann, zu den beliebtesten Werken der europäischen Musikliteratur.
Es ist (wie andere programmatische Werke von Franz Liszt) angeregt durch ein Gedicht von Freiligrath, dessen erste Strophen lauten:

O lieb', so lang du lieben kannst!
O lieb', so lang du lieben magst!
Die Stunde kommt, die Stunde kommt,
Wo du an Gräbern stehst und klagst!

Und sorge, daß dein Herze glüht
Und Liebe hegt und Liebe trägt,
So lang ihm noch ein ander Herz
In Liebe warm entgegenschlägt!

Und wer dir seine Brust erschließt,
O tu' ihm, was du kannst, zu lieb!
Und mach' ihm jede Stunde froh
Und mach' ihm keine Stunde trüb!

Und hüte deine Zunge wohl,
Bald ist ein böses Wort gesagt!
O Gott, es war nicht bös' gemeint, -
Der and're aber geht und klagt.

Wegen ihrer ungewöhnlichen Beliebtheit ist die Melodie vielen Patienten vertraut und verknüpft sich mit intensiven Erlebnissen, überwiegend poetischer, zärtlicher und sensibler Art.
Deshalb ist vor der Anwendung in der Therapie eine sorgfältige Anamnese erforderlich.
Zu den therapeutisch wirksamen Strukturen gehören u.a.:
- der gefühlvolle Sextsprung zu Beginn,
- die Betonung der Terz (melodische dritte Stufe),
- die Tonwiederholung in Verbindung mit dem harmonischen Wandel,
- der schwingende, kreisende Sechsvierteltakt.

Beispiel 30 »Modéré« aus »Scaramouche« für zwei Klaviere von Darius Milhaud
Burkhard Kehring und Thomas Grubmüller, Klavier

Dieser poetische und stimmungsvolle, klanglich außerordentlich reizvolle Satz vermag dem einsamen, verlassenen, depressiven Patienten Trost und Humor zu vermitteln, weil er sich in der ausdrucksvollen einstimmig gespielten Kantilene des 1. Klaviers wiederfindet, die seine spezifische Befindlichkeit widerspiegelt.

Das »einsame Rufen« dieser poetischen Klavierkantilene stößt auf das Echo des 2. Klaviers: Es antwortet, indem es den Rhythmus aufgreift und daraus eine eher beruhigende Phrase in tiefer Lage entwickelt (akkordisch gesetzt), die tröstliche Sicherheit, Geborgenheit und Harmonie ausstrahlt, nicht zuletzt durch den Kadenz-Charakter der harmonischen Abfolge (Tonika-Dominante-Tonika in B-Dur).

Dieses zauberhafte Zwiegespräch zwischen den beiden Klavieren ist nicht nur ästhetisch außerordentlich schön und reizvoll, sondern therapeutisch wirksam, indem es Kommunikation stiftet und Einsamkeit überwindet.

Poetische Popmusik

Beispiel 31 »Moon River« von Henry Mancini
Hermann Rauhe, Klavier
Frank Skriptschinski, Kontrabaß
Björn Lüker, Schlagzeug

Diese Melodie gehört zu den besonders erfolgreichen Filmmusiken: Sie hat in dem Film »Frühstück bei Tiffany« die Funktion eines Leitmotivs, das sich wie ein roter Faden durch den ganzen Film hindurchzieht und zur dramaturgischen Gestaltung und Geschlossenheit beiträgt. Es gibt unzählige Arrangements und Einspielungen dieses Evergreens: Je nach Bedeutung für die Lebensgeschichte des Patienten sollte man eine entsprechende Fassung auswählen.
Die hier aufgenommene Version eignet sich besonders für die Antriebsförderung in der neurologischen Rehabilitation, wobei es auf das Zusammenwirken von antriebsfördernden und entspannenden Momenten ankommt, denn der motorisch behinderte Patient bedarf auf der einen Seite des Antriebs, der psychischen Ermunterung, auf der anderen Seite aber vor allem der Entspannung und Entlastung. Dies gilt besonders für die Bewegungstherapie, in der sich Patienten oft verspannen, gerade in der Absicht und dem Streben, durch intensives Training sehr schnell Erfolge verzeichnen zu können.

Die therapeutische Wirkung des Evergreens ergibt sich u.a. aus:
- dem schwingenden, kreisenden und damit Ruhe und Geborgenheit ausstrahlenden Dreiertakt des Langsamen Walzers,
- dem ausdrucksvollen Vorhalt in Takt 2 (Vorhalt vor der Mollterz der Tonikaparallele h-Moll),
- dem »abgebogenen Leitton«, der in verschiedensten Formen, in den unterschiedlichsten melodischen und harmonischen Zusammenhängen und rhythmischen Kontexten auftritt: Deshalb könnte man diese Melodie fast als »Studie um den abgebogenen Leitton« bezeichnen. Beim ersten Auftreten (Takt 3) wird der »abgebogene Leitton« behutsam von oben schrittweise eingeführt. Beim zweiten Mal wird er »kühn« durch einen großen Septsprung erreicht (c-h) in Takt 5.

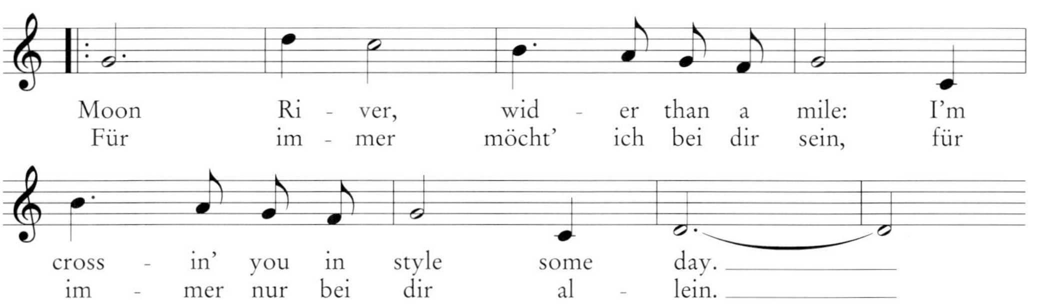

An dieser Melodie des wohl bedeutendsten amerikanischen Film- und Unterhaltungskomponisten Henry Mancini läßt sich zeigen, daß der Wirkungsgrad einer antriebsfördernden und entspannenden Musikstruktur nicht nur vom rhythmisch-metrischen, intervallischen und harmonischen Kontext, sondern auch vom formalen Gesamtzusammenhang eines Stückes abhängt. Wesentliches formbildendes Strukturmerkmal ist hier die Vorhaltigkeit der Melodiebildung: Quartvorhalt vor der Terz der Tonikaparallele in Takt 2 und Quartvorhalt vor der Terz der Subdominante in Takt 3 und 5 usw.

Die antriebsspendende Wirkung des Vorhalts, der als Normabweichung (Enttäuschung der Hörerwartung) ohnehin zum Assoziationsträger prädestiniert ist und den Gefühls- und Erinnerungswert einer Melodie begünstigt, wird durch die popularitätsfördernden und verhaltensauslösenden Eigenschaften der 7. Tonstufe (des »abgebogenen Leittons«) unterstützt, wobei wiederum folgende graduelle Abstufungen der Wirkung erkennbar werden: Beim ersten Auftreten (in Takt 3) kommt die energetische Stauung und damit Impulsfunktion des »abgebogenen Leittons« durch schrittweise Einführung vom oberen Grundton her weniger zur Geltung (zumal die subdominantische Harmonisierung den Richtungswillen ohnehin abschwächt) als in Takt 5, wo seine Wirkung durch den großen Septsprung vom unteren Grundton aus erheblich intensiviert wird. Dennoch wird auch diese exponierte Struktur melodisch integriert, denn die Wiederholung des zweiten Motivs der Melodie (Takt 3), das durch den Leitton geprägt ist, stiftet einen engen melodischen Zusammenhang und integriert die antriebsfördernden Töne in den melodischen Gesamtduktus. Auf dieses Zusammenwirken von exponiert emphatisierenden, stimulierenden (und dadurch formal isolierenden) Strukturelementen einerseits und von abmildernden, glättenden, entspannenden, stabilisierenden (und dadurch integrierenden) Formkräften kommt es in der Therapie besonders an. Dieser Erkenntnis muß eine therapeutische Wirkungsanalyse Rechnung tragen. Hier spielen die oben genannten »Integrationsprinzipien« eine Rolle (z.B. Sekundganggesetz, Gesetz der variablen Glieder).

Beispiel 32 »Yesterday« von John Lennon/Paul McCartney
Hermann Rauhe, Klavier

Es besteht für mich kein Zweifel, daß dieses ästhetisch anspruchsvolle Lied in die Geschichte der Musik eingehen wird.

So ist z.B. die Behandlung des kurzen, durch seine Vorhaltigkeit ausdrucksvollen dreitönigen Kopfmotivs sehr kunstvoll und originell: Das Motiv wird nicht ein einziges Mal »wörtlich« wiederholt, sondern gleich mit einem sechstönigen »Vorspann« versehen, der bei der zweiten Wiederholung umgekehrt wird.

Formal ist das Lied als »Reprisenbar« gestaltet: Der A-Teil (»Stollen«) umfaßt vier Takte und wird wiederholt. Der B-Teil (»Abgesang«) ist 8 Takte lang. Danach folgt die Wiederholung des A-Teils (»Stollens«), die der Melodie eine runde Geschlossenheit verleiht. Diese wirkt psychisch stabilisierend und aufbauend.

Auch die Harmonik ist ungewöhnlich differenziert und erinnert an Werke von Heinrich Schütz oder Claudio Monteverdi.

In der Originalfassung der Beatles wird der Gesang von Paul McCartney, der sich selbst auf einer Akustik-Gitarre begleitet, von einem Streichquartett untermalt: Dieser weiche, warme Streicherklang vermittelt Geborgenheit und ruft den von Kurt Blaukopf beschriebenen »Eingemeindungseffekt« hervor (14).

Schlager und Chansons

Beispiel 33 »Ich weiß auf der Wieden ein kleines Hotel« von Ralph Benatzky
Joachim Kuntzsch, Gesang und Klavier

Diese beliebte Melodie des großen Chansonkomponisten Ralph Benatzky soll nach dem Willen des Urhebers »mit viel Zärtlichkeit im ganz langsamen Walzerzeitmaß« vorgetragen werden. Ihre Wirkung beruht u.a. auf:

- den ausdrucksvollen Oktav- und Septsprüngen,
- der sarabandenartigen Betonung der jeweils zweiten Zählzeit des Dreiertaktes, die punktiert (d.h. um die Hälfte ihres Wertes verlängert) ist,
- den intensivierenden Tonwiederholungen,
- der sekundgängigen Gestaltung des Melodieanfangs (Sekundganggesetz),
- der subdominantischen Harmonisierung in Takt 9 und 25,
- den gehäuften Tonwiederholungen auf dem Melodiehöhepunkt (Takt 25 bis 27) in Verbindung mit der ausdrucksvollen Harmoniefolge Subdominante-Mediante (B-Dur-Septakkord)-Tonika (in Quartsextakkordform).

Der Text umfaßt eine Reihe assoziativer Schlüsselbegriffe, die ich unterstreiche:

Ich weiß auf der Wieden ein kleines Hotel
in einem verschwiegenen Gäßchen,
die Nacht ist so kurz und der Tag
kommt so schnell,
komm mit mir, du kleines Comteßchen!
Was machst du dir Sorgen, was morgen ist,
die Welt hat nur Sonne und Lieder,
und hast du einmal eine Nacht verküßt
so tust du es immer wieder!

Auch von der Situation, die in diesem Text eingefangen ist, geht für viele Hörerinnen und Hörer eine Faszination aus, die - je nach Anamnese - therapeutisch wirksam werden kann.

Beispiel 34 »Lili Marleen« von Norbert Schultze
Joachim Kuntzsch, Gesang und Klavier

Dieses Lied aus dem Jahr 1940 ist weltweit bekannt und beliebt, besonders bei Soldaten, die sich im Krieg und in Not befinden (dies zeigte sich z.B. im Vietnam- und Korea-Krieg).
Berühmt wurde dieser Schlager mit Lale Andersen als Interpretin während des 2. Weltkrieges durch den Soldatensender Belgrad. Lale Andersen war damals so gut wie unbekannt und sang das Lied 1939 im Westdeutschen Rundfunk. Danach überredete sie die Electrola in Köln, eine Schallplatte unter dem Titel »Lied eines jungen Wachtpostens« mit dem einleitenden preußischen Zapfenstreich-Signal zu produzieren. Als im Herbst der Krieg ausbrach, waren kaum 700 Stück dieser Schallplatte verkauft, und das Lied war schnell vergessen.
Dann kam der Soldatensender Belgrad: Die Handvoll Berliner Rundfunkreporter, die den Auftrag bekamen, im eroberten Beograd eine Sendestation aufzubauen, schickten einen ihrer Kameraden mit Kuriermaschine nach Wien, um Schallplatten zu besorgen. Man bot ihm dort einen Berg ausrangierter Schallplatten an, welche die RAVAG nicht mehr senden mochte.
Obenauf lag das »Lied eines jungen Wachtpostens«. Fortan wurde allabendlich »Lili Marleen« durch Kurzwellenrundfunk zu Rommels Truppen nach Nordafrika übertragen, aber auch von Montgomerys Soldaten empfangen. Deshalb wurde in London schnell eine englische Version dieses Liedes hergestellt. Als amerikanische Truppen in Italien landeten, brachten sie bereits ihre eigene Version mit, die Marlene Dietrich übersetzt und für die Invasionseinheiten gesungen hatte. Bald singt Freund wie Feind dasselbe Lied über alle Grenzen hinweg:

Vor der Kaserne
vor dem großen Tor
stand eine Laterne,
und steht sie noch davor,
so woll'n wir uns da wiederseh'n,
bei der Laterne woll'n wir steh'n
wie einst, Lili Marleen,
wie einst, Lili Marleen.

Englische Fassung:

Underneath the lantern
By the barrack gate,
Darling I remember
The way you used to wait:
It was there that you whispered tenderly,
That you loved me,
You'd always be
My Lili of the lamplight,
My own Lili Marlene.

Französische Fassung:

Devant la caserne
Quand le jour s'enfuit
La vieille lanterne
Soudain s'allume et luit.
C'est dans ce coin là que le soir
On s'attendait remplis d'espoir
Tous deux Lily Marlène
Tous deux Lily Marlène.

Der Text spricht mit seinen vielen assoziativen Schlüsselbegriffen und gefühlvollen Metaphern für sich.

Die Wirkung der Musik beruht u.a. auf folgenden Strukturelementen:
- Leitton (7. melodische Tonstufe) auf betonten Taktteilen auf den Wörtern: »Tor«, »steht«, »uns«, »wiederseh'n«,
- melodische 6. Tonstufe auf »so«, »wiederseh'n« und »Laterne«,
- Sextsprung auf »Lili Marleen«,
- punktierter Rhythmus als dominierendes Gestaltungsprinzip,
- sekundgängige Melodiefolge in Takt 5 bis 9 (Sekundganggesetz),
- ausdrucksvolle Vorhaltigkeit bei »uns da«, »wiederseh'n« und »Laterne«,
- Subdominante auf Takt 5: »so woll'n wir uns da«.

Klassik Modern

Beispiel 35 Adagio aus der Klaviersonate c-Moll op. 13 (»Pathétique«) von Ludwig van Beethoven in der Bearbeitung von James Last (Polydor 821 109-2)

Dieser Satz gehört zu den beliebtesten Stücken der gesamten Klavierliteratur und hat dadurch für viele Menschen eine besondere lebensgeschichtliche Bedeutung gewonnen, die therapeutisch genutzt werden kann.

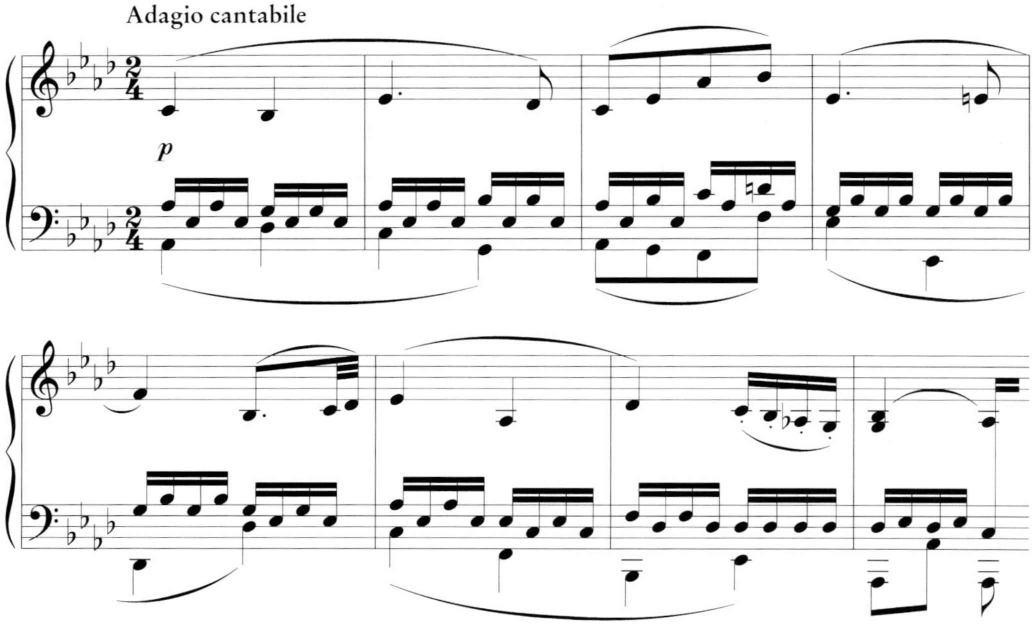

Die Wirkung der populären Bearbeitung von James Last für Chor und Orchester beruht u.a. auf folgenden Merkmalen:

- Die vom Chor zunächst in tiefer Lage leise gesummte ausdrucksvolle Kantilene vermittelt wohlige Geborgenheit: Der Hörer kann sich in den »magischen Uterus« dieses vertrauten Klanges »hineinkuscheln«. Der traurige, melancholische, vielleicht sogar depressive Patient findet sich in diesem tiefen, verhaltenen Klang wieder und in seiner Befindlichkeit verstanden.
- Für ihn ist die Wiederholung dieser achttaktigen Kantilene in höherer Tonlage (Oktavabstand) unter Umständen eine Art »Erlösung«, denn diesmal singen die gemischten Stimmen des Chores (unter klanglicher Führung des hellen Soprans) auf dem offenen Vokal »a«.
- Der Chor »öffnet seine Arme« gleichsam für den einsamen Hörer am Lautsprecher und schließt ihn imaginär in seine Gemeinschaft ein.

- Dieser Eingemeindungseffekt wird unterstützt durch die hohen Streicher, die zunächst die Kantilene mitspielen, danach aber einen getragenen »zärtlichen«, sich »abhebenden«, »entschwebenden« Kontrapunkt zur Hauptmelodie spielen.
- Das kann - bei entsprechender lebensgeschichtlicher Prägung - zu einer befreienden, entlastenden, tröstenden Wirkung beim Hörer oder Patienten führen: Er vermag unter Umständen seine Melancholie, Traurigkeit oder depressive Stimmung zu überwinden, sofern er sich im dunkleren, tieferen Klang des gesummten Anfangs der Aufnahme in seiner ursprünglichen Befindlichkeit, in seiner niedergedrückten Gefühlslage verstanden und »abgeholt« fühlt (dem Iso-Prinzip der Musiktherapie entsprechend).
- Dieser Vorgang intensiviert sich im bewegteren, in c-Moll beginnenden, aber sogleich nach Es-Dur modulierenden B-Teil, der dann mit Hilfe einer ausdrucksvollen vorhaltigen, chromatischen, vom Cello expressiv gespielten Überleitungsmelodie zur Haupttonart As-Dur zurückgeführt wird: Durch diese »schluchzende«, »melancholische« Cello-Kantilene fühlt sich manch trauriger Hörer (vor allem, wenn er das Cello liebt und von lebensgeschichtlich bedeutsamen Ereignissen, wie Trauerfeier, Hochzeit usw. her kennt) besonders angesprochen und angerührt. Dadurch kann er »abgeholt« und behutsam aus der Sackgasse seiner depressiven Stimmung geführt werden durch den anschließenden tröstlichen Klang des wiederkehrenden A-Teils, der im Arrangement von James Last nun sogar in einer helleren Tonart erklingt.

Anmerkungen

1. MÖLLER, H.-J.: Psychotherapeutische Aspekte in der Musikanschauung der Jahrtausende. In: Neue Wege der Musiktherapie. Düsseldorf/Wien 1974, S. 63ff.
2. HARRER, G. (Hrsg.): Grundlagen der Musiktherapie und Musikpsychologie. Stuttgart 1975
3. RAUHE, H.: Popularität in der Musik. (= Schriftenreihe Musik und Gesellschaft, H. 13/14) Karlsruhe 1974
4. RAUHE, H., H.-P. Reinecke, W. Ribke: Hören und Verstehen. München 1975, S. 129-136
5. ebd. S. 81-95
6. RAUHE, H.: Kulturindustrielle Sozialisierung durch Musik und ihre pädagogischen Konsequenzen, aufgezeigt am Beispiel kollektiver Identifikationsvorgänge. In: Hans Rectanus (Hrsg.): Neue Ansätze im Musikunterricht. Stuttgart 1972
7. RAUHE, H.: Grundlagen der Antriebsförderung durch Musik. Ein Beitrag zur musikalischen Wirkungsforschung. In: Wilhelm Revers/Hermann Rauhe: Musik - Intelligenz - Phantasie. Salzburg 1978
8. SPINTGE, R.: Psychophysiologische Operations-Fitneß mit und ohne anxiolytische Musik. In: Ralph Spintge/R. Droh (Hrsg.): Musik in der Medizin. Berlin/Heidelberg/New York/London/Paris/Tokio 1987, S. 145-156
9. DECKER-VOIGT, H.-H.: Aus der Seele gespielt. Eine Einführung in die Musiktherapie. München 1991
10. KRÜGER-TARR, I.: Verhungern im Überfluß. Bulimie: ein neuer Ansatz zum Verständnis und zur Therapie. Heidelberg 1989
11. HOHLFELD, Ch.: Vom Hören zum Denken. Finden von Tonbezeichnungen als Weg zu Erkenntnissen für einen autistischen Menschen. In: Informations-Dienst 30 vom Mai 1991 der Deutschen Gesellschaft für Musiktherapie e.V., S. 2-15
12. HÖRMANN, K.: Musik und Bewegung in der Musik- und Tanztherapie. In: Musik-, Tanz- und Kunsttherapie. Zeitschrift für künstlerische Therapien 6 (1990)
13. BLAUKOPF, K.: Musik im Wandel der Gesellschaft. München 1982, S. 100ff.
14. SØNSTEVOLD, G., K. BLAUKOPF: Musik der »einsamen Masse«. Ein Beitrag zur Analyse von Schlagerschallplatten. (= Schriftenreihe Musik und Gesellschaft H. 4) Karlsruhe 1968
15. RAUHE, H.: Popularität in der Musik, a.a.O.
16. BAUMGART, R.: Deutsche Schlager - Die Lieder der schweigenden Mehrheit. In: twen 9/1970, S. 40-47
17. RAUHE, H.: Popularität in der Musik, a.a.O.
18. Zur kollektiven Identifikation mit dem Star vgl. Hermann RAUHE: Kulturindustrielle Sozialisierung durch Musik, a.a.O.
19. SØNSTEVOLD, G., K. BLAUKOPF: Musik der »einsamen Masse«, a.a.O.
20. ebd.
21. THILO, H.-J.: Die therapeutische Funktion des Gottesdienstes. Kassel 1985, S. 97
22. WILLMS, H. (Hrsg.): Musik und Entspannung. Stuttgart/New York 1977
23. ebd. S. 19
24. ebd. S. 11
25. ebd. S. 19

Alphabetisches Verzeichnis der wichtigsten musikalischen Fachausdrücke

von Michael von Troschke

accelerando, beschleunigend, schneller werdend.

anapästisch, eine dem dreisilbigen, aus zwei kurzen und einer langen Silbe bestehenden Versfuß entsprechende musikalische Rhythmisierung mit Auftaktcharakter, z.B.: 

Auftakt, die Anfangstöne vor dem ersten betonten Zeitwert einer Melodie. Er kann einen oder mehrere Töne umfassen.

Bordun, ausgehaltene Fundamenttöne in gleichbleibender Tonhöhe.

cantabile, gesanglich, singend, ausdrucksvoll.

chromatisch, alle übermäßigen oder verminderten Intervalle. Die chromatische Tonleiter zeigt eine Folge von Halbtonschritten (s. **Tonarten**).

Chaconne, ursprünglich ein vermutlich spanischer Tanz, der im 17. und 18. Jahrhundert zu einem Satztypus wurde, bei dem eine Melodie im Baß mehrmals wiederholt werden konnte.

Cluster, eine Tontraube, die durch das gleichzeitige Erklingen eng benachbarter Töne den Eindruck eines flächenhaften Klanges oder Geräusches erzeugt.

Concerto grosso, eine Form des Konzertes im 17. und 18. Jahrhundert, die im Sinne der Doppelchörigkeit ein Wechselspiel zwischen Solisten und dem **Tutti** des ganzen Orchesters aufweist. Typische Kompositionen findet man bei A. Corelli, A. Vivaldi, G. Fr. Händel und J. S. Bach.

Concertino, ein kleines Ensemble von Solisten im Gegensatz zum **Tutti** des ganzen Orchesters (s. **Concerto grosso**).

crescendo, im Zeichen: $<$, allmähliches Lauterwerden einer Melodie über einen längeren Zeitraum hinweg. Gegenteil: decrescendo, im Zeichen: $>$

D, Dominante, Akkord der V. Tonleiterstufe (s. **Funktionsbezeichnungen**).

DD, Doppeldominante, die Dominante der Tonart des Dominantakkordes einer Tonart (s. Funktionsbezeichnungen).

D7, dominantischer Septakkord (s. **Funktionsbezeichnungen**).

daktylisch, dem dreisilbigen, aus einer langen und zwei kurzen Silben bestehenden Versfuß entsprechende musikalische Rhythmisierung, z.B.: 

Doppelschlag, melodische Verzierung, die einen Melodieton mit Ober- und Untersekunde umkreist: 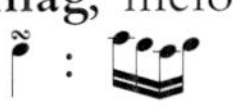

dorisch, Name des ersten Kirchentons (s. **Kirchentonarten**).

Dreiklang, Zusammenklang, der aus drei verschiedenen Tönen (meist Grundton, Terz und Quint eins Akkordes) besteht.

Dur, in der tonalen Musik das zentrale Tongeschlecht mit der populären Wirkungsassoziation: hell, heiter, bejahend (s. **Tonarten**).

Fermate, Haltezeichen, das die Verlängerung oder Dehnung eines Melodietones anzeigt: 𝄐

forte, Vortragsbezeichnung mit der Bedeutung: laut, stark.

Funktionsbezeichnungen, dienen in der neueren Harmonielehre zur Bestimmung der harmonischen Beziehungen zwischen den Akkorden einer Tonart (s. **Kadenz**). Die wichtigsten Zeichen sind

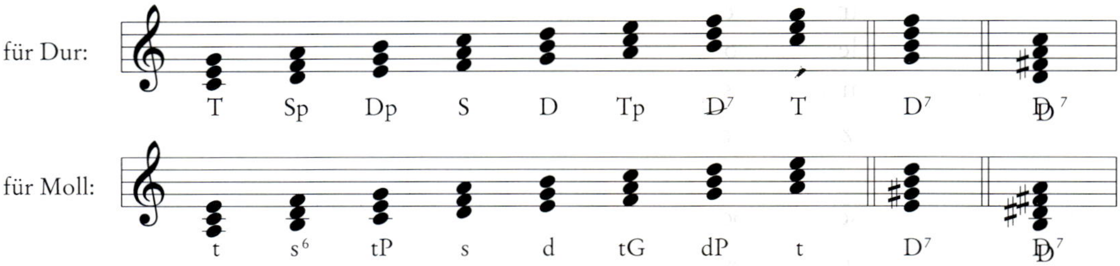

Hemiole, Zusammenfassung von zwei dreizeitigen Takten zu einem größeren dreizeitigen Takt:

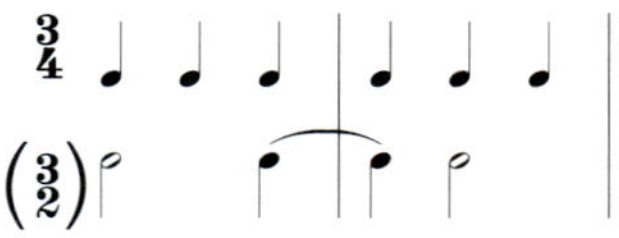

Intervall, Abstand im musikalischen Tonraum zwischen zwei Tönen. Reine Intervalle sind Einklang (Prim), Oktave, Quinte und Quarte; Konsonanzen sind kleine und große Terzen und Sexten; Dissonanzen sind große und kleine Sekunden und Septimen und alle übermäßigen und verminderten Intervalle, besonders die übermäßige Quarte: der Tritonus. Die Intervallnamen lauten mit wachsendem Abstand:

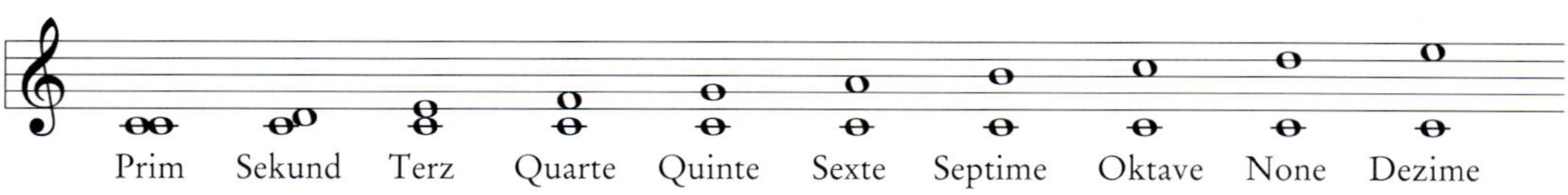

Kadenz, Akkordfolge, insbesondere am Schluß eines Tonstückes. Der authentische Schluß geht von der Dominante in die Tonika (s. **Funktionsbezeichnungen**):

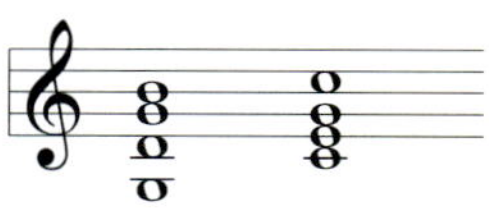

Der plagale Schluß (Kirchenschluß) geht von der Subdominante in die Tonika:

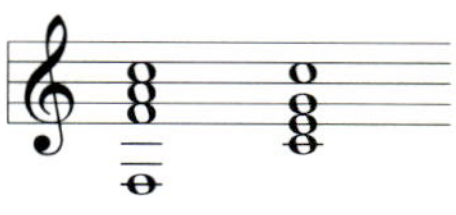

Kirchentonarten, die Tonleitern des Mittelalters, die ursprünglich zur systematischen Erfassung des katholischen Kirchengesanges (Gregorianischer Choral) entwickelt wurden. In den Namen klingt die Systematik der griechischen Musiktheorie nach:

legato, Vortragsbezeichnung mit der Bedeutung »gebunden«; die Melodietöne schließen dicht aneinander an.

Leitton, Ton, der zu einem benachbarten Ton hinstrebt; besonders der Ton auf der siebenten Stufe einer Tonleiter, der nach oben zum Tonleitergrundton strebt. Entgegen dieser Strebung kann er nach unten zum Ton der sechsten Stufe abgebogen werden (»abgebogener Leitton«).

Mediante, Klang, der zu einem anderen Klang in entfernter Terzverwandtschaft steht (z.B. C-Dur zu As-Dur).

Melisma, Tonkette zwischen melodischen Haupttönen. Im Gesang tragen mehrere Töne eine Silbe.

modal, auf Kirchentonarten bezogen.

Moll, steht in der tonalen Musik im Gegensatz zu **Dur**. Das Tongeschlecht mit der populären Wirkungsassoziation: getrübt, dunkel, klagend, traurig (s. **Tonarten**).

off beat, »weg vom Schlag«, benennt im Jazz die gegen den gleichbleibenden Grundschlag gesetzten Akzentuierungen.

Orgelpunkt, langausgehaltener Ton in der Baßstimme.

Ostinato, die beständige Wiederholung einer Tongruppe, meist im Baß.

Pentatonik, fünfstufiges Tonsystem ohne Halbtonschritte, auch gebräuchlich in archaischer Musik, bei Naturvölkern, in Kinderliedern, Spirituals und Gospels:

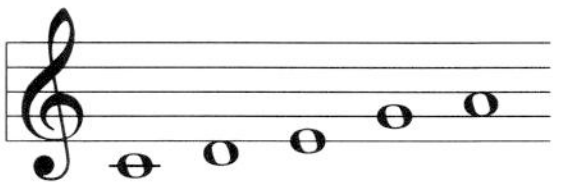

piano, leise.

Punktierung, Verlängerung einer Note um die Hälfte ihres Wertes.

punktierter Rhythmus, eine bestimmte musikalische Zeitaufteilung, bei der zwischen längeren Haupttönen und kurzen Tönen abgewechselt wird: 

In der französischen Ouvertüre ist eine Schärfung dieser Wirkung durch doppelte Punktierung typisch.

ritardando, allmählich langsamer werdend, verzögernd.

S, Subdominante, Akkord der IV. Tonleiterstufe (s. **Funktionsbezeichnungen**).

Sarabande, ursprünglich vermutlich spanischer Tanz, der im 17. und 18. Jahrhundert einen Satztyp annimmt, der ein langsames, gravitätisches Tempo und folgenden Rhythmus zeigt:

Schlußgruppe, musikalischer Formteil, der den Schluß eines Musikstückes gestaltet, oft unter Verwendung von stetem Wechsel zwischen Kadenzakkorden, Motivwiederholungen, Orgelpunkten.

Septakkord, ein Akkord, der aus Grundton, Terz, Quinte und Septime besteht. Mit seinen vier Tönen läßt sich der Akkord dreimal umkehren. Die Umkehrungen heißen: Quintsextakkord, Terzquartakkord, Sekundakkord.

Sequenz, in der neueren Kompositionslehre die Wiederholung einer Tongruppe auf höherer oder tieferer Tonstufe.

Sextakkord, die erste Umkehrung eines **Dreiklanges**.

Sextole, Figur von sechs Noten, die im Zeitraum von vier üblichen Noten gespielt wird:

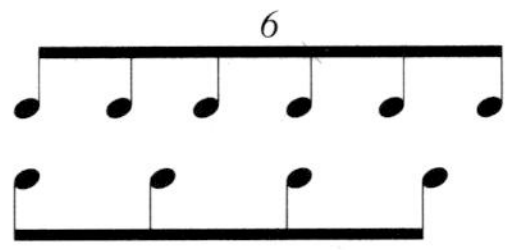

Sonatenhauptsatzform, Formprinzip der musikalischen Klassik, das meist in den ersten Sätzen von Sonaten und Sinfonien vorliegt. Im ersten Teil, der Exposition, werden ein Haupt- und ein Seitenthema in unterschiedlichen Tonarten aufgestellt, die im Mittelteil, der Durchführung, durch motivisch-thematische Arbeit entwickelt werden, um dann in der Reprise, einer Wiederholung der Exposition, in gleicher Tonart zu erscheinen.

Sp, Subdominantparallele, Akkord der II. Tonleiterstufe (s. **Funktionsbezeichnungen**).

staccato, abgestoßen, die Töne sollen voneinander getrennt vorgetragen werden.
Gegenteil von **legato**.

Synkope, Verlagerung des Taktschwerpunktes. Sonst unbetonte Zeitwerte werden betont, wobei die sonst betonten ohne Akzent stehen oder durch Bindungen und Pausen ausfallen:

Tonarten, historisch unterschiedliche Ordnungssysteme des Tonmaterials, die meist durch Tonleitern beschrieben werden (siehe Kirchentonarten). Wichtige Tonleitern sind:

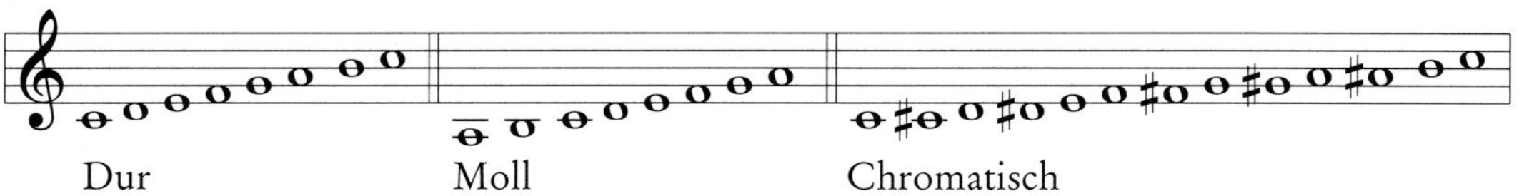

Triole, eine Figur von drei Noten, die im Zeitraum von zwei üblichen Noten gespielt wird: 

Tritonus, das drei Ganztonschritte umfassende Intervall. Teilt die Oktave genau in der Mitte. Schon seit dem Mittelalter wird es als »Diabolus in Musica« bezeichnet, weil es nur unter Schwierigkeiten in ein Tonsystem integriert werden kann: 

Tutti, das ganze Orchester im Gegensatz zu den Soloinstrumenten des **Concertino** (s. **Concerto grosso**).

unisono, im Einklang. Tonfiguren in der Prim oder auch in Oktaven gespielt.

Vorhalt, verzögerter Eintritt eines Akkord- oder Melodietones durch eine vorangestellte Note. Meist bildet der Vorhalt eine Dissonanz, die sich stufenweise in eine Konsonanz auflöst.